大型宏观经济模型方法与应用

张延群 著

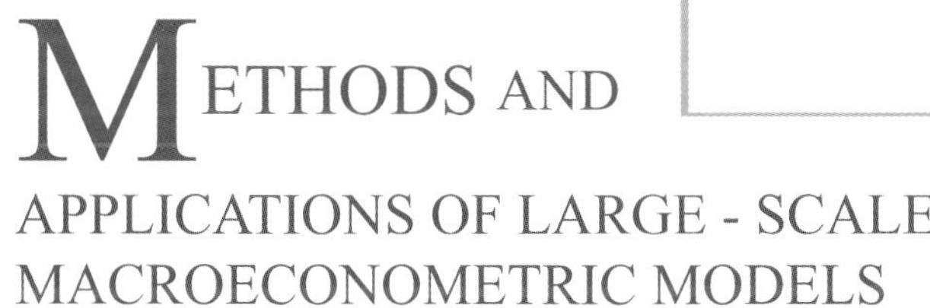

中国社会科学出版社

图书在版编目（CIP）数据

大型宏观经济模型方法与应用／张延群著．—北京：中国社会科学出版社，2022.9

ISBN 978－7－5227－0472－2

Ⅰ．①大…　Ⅱ．①张…　Ⅲ．①宏观经济模型—研究—中国　Ⅳ．①F123.16

中国版本图书馆 CIP 数据核字(2022)第 128428 号

出 版 人　赵剑英
责任编辑　黄　晗
责任校对　闫　萃
责任印制　王　超

出　　版　中国社会科学出版社
社　　址　北京鼓楼西大街甲 158 号
邮　　编　100720
网　　址　http://www.csspw.cn
发 行 部　010－84083685
门 市 部　010－84029450
经　　销　新华书店及其他书店

印　　刷　北京明恒达印务有限公司
装　　订　廊坊市广阳区广增装订厂
版　　次　2022 年 9 月第 1 版
印　　次　2022 年 9 月第 1 次印刷

开　　本　710×1000　1/16
印　　张　13.5
插　　页　2
字　　数　188 千字
定　　价　69.00 元

目　　录

第一章

绪　论

第一节　研究背景和内容

一　研究背景

2015 年中央经济工作会议提出供给侧结构性改革的重要意义，指出："推进供给侧结构性改革，是适应和引领经济发展新常态的重大创新，是适应国际金融危机发生后综合国力竞争新形势的主动选择，是适应我国经济发展新常态的必然要求。"党的十九大报告，把供给侧结构性改革明确表述为在"强起来"时代我国构建现代化经济体系的主线。如何更好地将供给侧改革与需求侧调控相结合，成为目前研究的一个重点问题，并入选 2017 年国家社科基金课题指南。笔者在申请到国家社科基金课题"基于中国中长期宏观经济计量模型的供给侧结构性改革与需求侧调控关系量化研究"的立项和资助后，即开始了相关研究，课题的研究成果构成了本专著的主要内容。

2008 年以来中国 GDP 增长速度一直呈现下降的趋势，资本产出比不断上升，在工业生产的大多数领域都出现了比较严重的产能过剩，同时环境成本的约束不断加大，说明过分依靠投资带动经济增长的发展模式长期来看将难以持续。同时中国人口结构加速进入老年化，从 2017 年开始，从业人员人数见顶回落，近几年出现了微弱的下降。人口增长的情况也不容乐观，从最新公布的第七次人口普查公报的数字看，中国总人口虽然仍然保持小幅正增长，但是出生率不断下降已经延续多年，提示未来中国劳动力供给的增长速度将处于下降趋势。在目前人口和环境资源约束日趋加重、国际竞争加剧、追赶优势逐渐减弱的经济发展新常态下，未来为保持中国经济长期可持续发展的态势，避免落入"中等收入陷阱"，必须进行供给侧结构性改革。

经济增长速度的下降从短期看是需求不足的表现，工业中大部分行业都出现生产能力过剩、供过于求的状态，结构性去产能、去库存成为新常态下宏观调控的一个主要特征，但是从长期和本质上看，表面上表现出来的需求不足的根本原因是供给侧的问题。从长期和总量创造看，经济增长是由供给侧因素决定的，有效供给制约着有效需求。大力推行供给侧结构性改革是转变经济增长方式的必然要求。

供给和需求是一个问题的两个方面，投资率和消费率是此消彼长的两个经济指标，很难以具体的指标水平来判断其是否合理。从国民经济核算等式看，GDP 由总消费、资本形成以及商品和服务的净出口构成，总消费分为居民消费和政府消费，居民消费从长期看是由居民的可支配收入以及所拥有的财富等因素所决定，而居民可支配收入从长期看是由总体经济增长、税收和分配制度所决定。需求管理和调控与供给侧结构性改革是不可分割的。供给侧结构性改革的目的是提高全要素生产率，政策实施的目标是企业等生产主体，是长期性的、需要进行根本性的制度改革，而需求侧调控是短期调控，调控的对象主要是消费者和投资者，目的是打通生产和消费之间的障碍，促进消费增长，在短期内刺激经济增长（刘伟，2017）。不同经济发展时期的宏观经济调控的重点不同，目前中国宏观调控的重点是如何更好地将供给侧改革与需求侧调控相结合。

为了实现经济快速和可持续发展，实现充分就业和价格稳定，各国政府都在实行宏观经济管理，而在实施管理时，从需求侧和供给侧进行管理是同样重要的。需求管理的目标是对 GDP 需求侧的构成要素，即消费、投资、净出口进行调控，采取的政策措施主要是财政和货币政策，在需求超过潜在增长水平出现经济过热、存在潜在通货膨胀风险时，通过实施紧缩的财政和货币政策抑制总需求，稳定价格水平，熨平经济周期波动；而当出现需求低于潜在增长水平、存在负的产出缺口时，政府通过实施积极的财政和货币政策，促进需求，并在短期内拉动经济增长（刘伟，2017）。

供给侧结构性改革强调解决中长期和可持续发展问题，强调制度的变革与完善。供给侧投入包含生产要素的投入和全要素生产率的提高，生产要素的投入包括劳动投入、资本投入、土地资源投入等，对应于收入法中的工资、利息、地租、利润、税收。从短期看，需求对供给产生影响，从长期看，各种有效需求取决于经济主体的购买力，而购买力又取决于收入水平和供给能力。因此，供给和需求是经济中不可分割的两个方面，在进行宏观调控时，需要将两者有机结合。

对供给侧结构性改革进行研究的一个重点是对中国未来增长潜能做出趋势判断和预测，对影响增长潜能的因素进行分析，对未来中国经济发展的前景，以及在世界经济中的地位做出科学分析，从而把握中国和世界经济未来增长的大势。通过分析影响中国长期经济增长的主要因素，在进行供给侧结构性改革时着力消除制度中阻碍经济长期增长的不利因素，推动促进经济长期增长的有利因素，以此促进经济的长期发展（刘伟、陈彦斌，2021）。

供给侧长期经济增长潜力对需求侧宏观调控形成制约，在实施短期需求侧宏观调控时，应认识到经济发展潜力的制约，避免出现需求超过潜在增长而导致的经济过热以及通胀大幅上升。过度从需求侧推动经济增长还会产生大量无效投资，导致供给和需求的错配，其后果是大量产品供过于求，企业盈利能力下降，同时有实际需求的产品和服务却供给不足，不得不依赖进口，导致价格过高，特别是在重要产品的生产和技术依赖国际市场时，会给国家的经济安全和长期可持续发展造成威胁。因此，需要将供给侧结构性改革和需求侧宏观调控相结合，对中国的中长期发展的潜力进行预测，对影响中长期发展的有利和制约因素进行分析，对有利因素促进和利用，对制约因素，特别是制度性制约因素进行改革和清除，最大化释放中国经济增长的潜能。

二 研究内容

本书将供给侧和需求侧相结合的宏观调控的量化分析作为研究的主要目标。通过本书的写作，达到两个目的：一是探讨供给侧结构性改革和需求侧调控相互关系的理论分析框架和政策传导机制，并对可能出台的政策在需求侧和供给侧，短期、中期和长期等方面可能产生的效果进行模拟和量化分析，做出政策评估，提出政策建议，为政府制定经济政策提供参考。二是在大型宏观经济模型开发方面追踪国际前沿，开发出新型模型，丰富中国大型宏观经济模型的种类。采取构建系列大型宏观经济模型的方法从供给侧和需求侧对中国宏观经济调控政策做出量化分析。所构建的系列大型宏观经济模型包括：基于供给要素的中国中长期经济预测模型 CEMS2020（China Economic Forecast Model based on the Supply，CEMS，2020 版，以下简称“CEMS 模型”）；将国民收入和生产账户数据与资金流量表数据相结合的中国宏观经济年度模型 CAMM – NIPA – FFA（China's Annual Macroeconometric Model for Joint Analysis of NIPA and FFA，以下简称“CAMM 模型”）；以需求为导向，供给与需求相结合的中国季度宏观经济协整模型（China's Quarterly Macroeconometric Model in ECM Form，以下简称“QECM 模型”）；以及用于短期景气分析的北京宏观经济月度监测预警模型（Beijing's Monthly Business Cycle Model，以下简称“BMBC 模型”）。将这一组模型用于中国宏观经济供给侧与需求侧相结合的分析，对中国长期、中期、短期经济形势进行预测和政策分析。

本书对构建大型宏观经济模型的理论方法和建模所需要的计量经济学方法进行了较详细的阐述。为了方便读者对构建大型宏观经济模型理论和方法的学习和理解，笔者将运用计量经济学软件 Stata 15 和 Eviews 10.0 进行自主编程的相关数据和程序编码文件向读者公开，读者可通过邮件向作者索取。所形成的完整的程序编码可方便读者在模型的使用过程中进行维护、更新和改建。本书所使用的数据都是公开的统计数据或者文献中的数据，后续随着新的统计数据的发布和获得，可以方便地进行模型复制、数据更新、模型维护、版本升级等工作。读者也可以从实际研究问题的角度出发，对模型进行适当的改造和升级，从不同角度对宏观经济结构模型进行开发应用。从这个意义上讲，本书完成了一项关于中国大型宏观经济模型构建的基础性工作，是一本学习宏观经济计量模型理论和应用方法的有实用价值的参考书。

第二节　研究中的难点和创新点

一　研究中的难点

大型宏观经济模型理论和应用方法都已经比较成熟，不仅有很好的参考文献讲授模型的理论和应用方法，而且国内外已经开发的模型版本也可以作为参考。但是根据实际研究问题的需要，开发新型大型宏观经济模型仍然是一项比较费时费力的基础性工作，不仅要求模型的开发者具备全面的知识储备，而且在数据的收集和处理、编程以及模型调试等方面需要花费大量时间。

（一）需要全面的知识储备

从大型宏观经济模型的理论基础看，中国经济处于体制变迁和快速追赶的经济发展阶段，与发达工业化国家相比，其体制、制度、发展阶段、统计指标体系、数据可获得性等都有独有的特征，需要在中国宏观经济结构模型中得到刻画和体现。模型研发人员不能直接照搬国外成熟的宏观经济结构模型，而是需要将大型宏观经济模型开发的一般性理论和方法与中国经济的制度特性、统计制度和数据等相结合，构建能够反映符合中国经济运行特点的宏观经济结构模型。因此模型开发者不仅要掌握模型开发所需的宏观和微观经济学、计量经济学、宏观经济结构模型构建等方面的理论和方法，而且需要对中国经济运行特点、经济数据统计框架、统计数据的确切定义等有充分的理解。中国宏观经济数据的样本期较短，如资金流量表目前能够得到的样本为 1992—2016 年，而且只有年度数据。样本期短、频率低，意味着样本观察值的总体数量小，易造成估计系数的精度较低，而且方程设定只能用比较简单的形式。

（二）数据的收集和处理需要花费大量的时间

虽然目前已有的宏观经济数据库如万得经济数据库（Wind），亚洲数据库（CEIC）等为获取原始数据提供了极大的方便，但研究者仍然需要花费很多时间对数据中的具体问题进行分析和处理，比如数据的缺失问题，如就业和工资只有城镇单位口径没有全社会口径数据；同一经济指标的数据不一致，如生产法 GDP 和支出法 GDP 不一致等问题，都需要在建模之前进行仔细的数据比对和处理，直到得到完整一致的基础数据集。

（三）需要反复检验和测试

大型宏观经济模型的特点是将宏观经济运行中各个方面作为一个系统，通过模型联系起来。好的宏观经济结构模型应该能对系统中的变量做出较好的预测，不仅体现在对各个独立变量的合理和收敛的预测值，而且需要表现出预测指标体系结构的稳定性。例如，消费和资本形成等占 GDP 的比重、三次产业就业占总就业的比重、就业人数占总劳动人口的比重等结构性指标是否合理，都需要在模型的预测中进行检验，当出现不合理的预测结果时，就需要在模型的结构和设定等方面进行查找和改进，理解和找出问题并进行修正。

另外一个对模型进行检验和修正的途径是通过情景分析的方法对模型的合理性进行检验。例如假设模型的某个外生变量的取值发生了变化，如假设国际油价发生了较大的上涨，检查其对模型中内生变量的影响，如对进口价格和 PPI 价格等指数产生正向影响，是符合经济学理论的结果，反之，如果出现不符合经济学理论和预期的结果，就需要对模型的设定、结构、数据等进行问题查找并进行修正。由于模型包含的变量较多，需要反复测试，因此保证所构建模型的合理性和一致性是一项花费大量时间的工作。

二　研究中的创新点

本专著的创新之处表现在以下几个方面。

1. 用中国分省份数据以及追赶和收敛理论为基础构建了 CEMS 模型，作为供给要素，不仅考虑了全要素生产率、资本存量、劳动力等要素的投入，而且在常弹性 CES 生产函数中嵌入了能源消费和能源消费效率的约束，体现出未来中国经济增长将更加重视能源要素约束的特点。

2. 用新的方法对 CAMM 模型进行了构建。国外成熟的标准大型宏观经济模型都是建立在国民收入和生产账户（NIPA）、资金流量表（FFA）数据以及更多的国民经济核算统计数据的基础上，充分运用每个统计核算体系的信息，并通过行为方程和恒等式，在模型中刻画出各个不同统计核算体系中变量之间相互影响或制约的关系。目前中国 FFA 的样本期为 1992—2016 年，数据时滞为两年左右，样本期较短。因此，较早研发的大型宏观经济模型很难将 FFA 中的时序数据应用于模型中，都是仅仅基于 NIPA 统计数据，目前还没有将 NIPA 和 FFA 结合使用的模型。本专著开发构建的 CAMM 模型首次将 NIPA 和 FFA 这两个核算体系的数据结合使用，是一个标准的中国大型宏观经济模型，在模型中刻画了 NIPA 和 FFA 中变量之间的相互影响和制约关系，大大丰富了模型的内容。由于引入了 FFA 统计数据，使得分析财政政策，如改变税率、转移支付、政府支出等对宏观经济的影响成为可能。

3. 将财富变量引入模型。中国社会科学院李扬研究员领导的团队编制了《中国国家资产负债表 2018》（以及 2015 和 2013），对 2000—2016 年中国国家资产负债表与各部门资产负债表进行了完整的编制。Piketty、Yang 和 Zuckman（2019）在 *America Economic Review* 上发表了文章《中国资本积累，私人财产和增加的不均等，1978—2015》（*Capital Accumulation*, *Private Property*, *and Rising Inequality in China*, 1978－2015），他们的研究结合了中国国民收入账户数据、调查数据以及最新的税收数据，对 1978—2015 年收入分配和财富的累积存量进行了估计，提供了比较可靠的、较长时间长度的中国住户和政府部门的财富数据。本研究将从以上文献中得到的财富数据引入宏观模型，将其与国民经济核算中的消费、投资等变量联系起来，分析财富变动对消费、投资以及其他宏观经济变量的影响。以前由于缺乏居民和政府的财富存量数据，宏观经济结构模型都没有包括财富变量，因此，在这一点上，本专著所构建的模型有所创新。

4. 在 CAMM 模型中，将经济增长设定为主要以需求为导向，这一点与现有模型有较大的区别。在现有模型中投资一般是由投资来源，也就是说投资的能力决定的，在 CAMM 模型中，将投资设定为是由投资需求决定的，或者更进一步说，是由总需求 GDP 以及投资的效率来决定的。将模型设定从需求和供给相结合，转变为主要以需求为制约和决定因素，符合中国经济在从高速发展向中速和高质量发展的新常态转型的特点。在经济转型的过程中，在许多领域，特别是传统工业领域普遍存在供给过剩、投资收益率下降的现象，投资从过去短缺经济时期受投资能力约束向着由总需求和生产效率来决定的方式转变。因此，将模型设定为以需求约束为导向会更加符合目前和未来中国经济发展的特征。

5. 在 QECM 模型中，将模型进行了扩展，加入了反映社会发展问题的模块，对反映社会整体收入差距的 Gini 系数、城乡居民收入差距等指标进行了建模，在对中国宏观经济发展进行预测的基础上，对这些社会发展指标进行了预测，反映了经济发展对经济和社会结构变动的影响。

6. 本专著分别基于年度、季度、月度数据，构建了 4 个大型宏观经济模型（CEMS 模型、CAMM 模型、QECM 模型、BMBC 模型），这 4 个模型具有一致的理论分析框架，具体内容方面既有区别又有联系，在实际应用时，可以相互借鉴，综合运用，在此基础上获得一致性的短、中、长期的预测结果。

本书共分为 8 章。第一章为绪论，简要介绍本书的研究内容、研究成果以及研究中的难点和创新点。第二章对大型宏观经济模型的发展历史和研究现状、所具有的优势和局限性进行阐述。第三章对大型宏观经济模型的理论和构建方法进行介绍。第四章介绍以供给要素为导向，用于中国中长期增长潜力分析的 CEMS 模型的构建方法和应用。第五章是关于 CAMM 模型的构建和应用，详细阐述模型的构建理论和方法、数据来源和处理、各个模块中行为方程的设定、估计和检验、恒等式的构成、模型的检验和应用、预测和情景分析案例。第六章介绍 QECM 模型的构建和应用，解释 QECM 模型的框架、行为方程的设定，估计和检验、恒等式的构成，并阐述如何将标准 QECM 模型进行拓展，用于分析收入分配等社会发展问题。第七章介绍宏观经济预警模型的构建方法，并应用北京市月度宏观经济统计数据，建立了 BMBC 模型，对北京市短期宏观经济的现状和转折点进行分析和预测。第八章为后记，指出目前研究中存在的不足之处以及进一步研究的方向。

第二章

大型宏观经济模型的发展历史和研究现状

第一节 大型宏观经济模型发展历史概述

大型宏观经济模型最早是由荷兰计量经济学家 Jan Tinbergen 于 20 世纪 30 年代开始创立的。最早的模型为荷兰和美国的经济模型，其所依据的经济学理论是当时的经济周期理论，所依据的统计数据是美国统计学家 Simons Kutznets 所创立的国民经济账户的统计核算体系。从 20 世纪 30 年代到 70 年代石油危机爆发，宏观经济结构模型在美国经历了从初创到大发展的时期，其中最重要的工作是 20 世纪 40 年代在美国芝加哥大学成立的考尔斯委员会（Cowles Commission，CC）所建立的大型联立方程模型（SEM 模型），或称为 CC 模型。传统的计量经济模型便称为“考尔斯委员会方法”，这种方法的主要特点是“以先验给定的经济理论模型为基点，以测量估计模型的参数值为中心”（何新华等，2005）。

从 CC 模型开始，大型计量经济学模型将计量经济学、凯恩斯主义的宏观经济学、国民收入核算账户体系等相结合，应用这些领域的研究成果，并推动其创新和发展。从 20 世纪 50 年代到 70 年代石油危机爆发之前，大型宏观经济模型得到大力发展，包含更多变量和方程的规模更大的模型不断构建出来，CC 模型方法成为大型宏观经济模型的标准分析范式（何新华等，2005）。

20 世纪 70 年代的石油危机中，宏观经济结构模型对当时经济形势的判断和预测出现了较大的误差，因此受到一些经济学家的质疑和批评。其中比较有代表性的是 Lucas（1976）和 Sims（1980）等。Lucas（1976）指出，CC 模型的问题在于模型中的参数会发生变化，如果用变化了的参数作为预测模型参数，会导致预测和政策分析的失效。Sims（1980）则认为在宏观经济结构模型中施加了许多没有经过检验的、不可信的限制，Hendry（1995）指出 CC 模型存在设定的错误。20 世纪 70 年代之后，为了应对 Lucas 批判，一些新的模型方法开始建立，如合理预期模型和跨时最优动态随机一般均衡模型（DSGE 模型）。Christopher Sims 等经济学家建立了向量自回归模型（VAR 模型），David Hendry 等经济学家建立了“从一般到特殊”的 LSE 学派的建模方法（仝冰，2009）。

在新的宏观经济结构模型不断开发和运用的同时，传统的 SEM 模型也在不断进行改进，提高了 SEM 模型预测和政策分析的可靠性，比如 Fair（1994）在其所构建的美国宏观经济结构模型中加入了代表合理预期的变量，在 SEM 模型进行模型设定合理性检验和结构稳定性检验等。

第二节　中国大型宏观经济模型的研究历史和现状

一　早期研发的模型

中国从 20 世纪 80 年代开始宏观经济结构模型的开发工作。由于受到数据可得性的限制，早期构建的中国大型宏观经济模型大多基于年度数据，方程设定为静态形式，由于宏观经济统计数据体系为国民生产账户（NPA），而且宏观经济的主要特征是短缺经济，因此经济中的主要约束来自供给方。

20 世纪 90 年代开发的宏观经济结构模型主要从生产方进行模拟，用于年度经济预测和政策模拟。这一时期主要从事宏观经济结构模型开发和应用的单位为中国社会科学院数量经济与技术经济研究所和国家信息中心等，代表模型在《中国社会科学院数量经济与技术经济研究所经济模型集》（汪同三、沈利生，2001）、《中国实用宏观经济结构模型 1999》（王慧炯等，1999），以及《联合国世界计量经济联接模型系统中的中国大型宏观经济模型（1996 版）简介》（祝宝良，1997）中有详细介绍。

中国社会科学院数量经济与技术经济研究所从 1990 年开始，与克莱因教授（Laurence R Klein）和刘遵义教授合作开发中国宏观经济年度模型，并且应用于中国宏观经济形势的分析与预测，其间一直对年度模型进行更新和维护，1999 年出版了关于模型版本的介绍，模型由 174 个方程组成，其中行为方程 98 个、恒等式 76 个（汪同三、沈利生，1999）。

当时的国家计委预测中心、中国社会科学院数量经济与技术经济研究所和复旦大学参加了由克莱因教授主持的联合国世界计量经济联接模型系统项目，负责该项目的国家信息中心的研究人员开发了以需求为导向的中国宏观经济结构模型（何新华等，2005；祝宝良，2005），该模型由 90 个方程组成，其中行为方程 52 个、恒等式 38 个，样本为 1979—1996 年的年度数据。

二　供给和需求相结合的季度模型

中国国民经济核算体系从物质产品平衡表体系（MPS），转变为国民账户体系（SNA）（许宪春，2019）。1992 年之前中国采用的是 NPA 生产体系，1992 年开始正式实施联合国倡导的 NIPA 核算体系，并公布 GDP 等主要指标的季度数据，使得研发中国宏观经济季度模型成为可能。最早开始研发中国宏观经济季度模型的单位为中国社会科学院数量经济与技术经济研究所，第一个季度模型的版本在 1993 年开发出来，并一直得到更新和应用。中国宏观经济季度模型与年度模型主要在两个方面有所区别，一是季度模型将早期年度模型以供给为导向转变为供给和需求导向相结合。二是在模型设定方面，从年度模型的静态设定转向季度模型的动态误差修正方程的设定，从而将经济变量之间的长期均衡关系和短期动态调整在同一个方程中得到统一的体现。通过对非平稳变量进行差分变换，将非平稳变量变为平稳变量，克服了统计推断过程中伪回归的问题（朱运法、张延群，1998）。

2005 年中国社会科学院世界经济与政治研究所何新华研究员的研究团队在国家自然科学基金的资助和支持下，开发了中国宏观经济季度协整模型，这一模型版本的主要特点是以需求为导向，结合供给方约束，模型设定采用误差修正模型的方程设定形式，包括 30 个行为方程、120 个恒等式和技术方程，用于短期和中期的经济预测和政策分析，样本为 1992 年第一季度至 2001 年第四季度（何新华等，2005）。之后何新华研究员的研究团队在国家自然科学基金的资助和支持下，开发了宏观经济多国连接模型，包括全球主要 30 个经济体，通过贸易矩阵将各国宏观经济结构模型连接在一个模型系统中，用于分析各个经济体之间经济的相互影响（何新华，2010）。

其间开发的模型还包括：中国人民银行研究局刘斌开发了包含 30 个行为方程和 120 个等式的年度宏观经济结构模型（刘斌，2003），东北财经大学高铁梅教授的研究团队开发了中国季度宏观经济政策分析模型（高铁梅等，2007），秦朵教授为亚洲开发银行开发了中国宏观经济季度模型（Qin Duo etc，2007）。这些研究者都通过专著或论文对所开发的模型版本进行了详细介绍。

第三节 不同类型大型宏观经济模型的特点、优势、局限性

目前SEM模型、VAR模型、CGE模型、DSGE模型是许多国家中央银行和政府部门的重要宏观经济分析工具。每种模型都具有各自的优势和局限性，彼此之间不能完全替代（Fair，2018）。SEM模型被广泛用于预测和政策分析。它有两个优点，一是它能通过行为方程和恒等式将宏观经济各个方面的相互关系进行刻画，将一个变量的变动对其他变量的影响在模型中反映出来，因此可以用于分析外生冲击或者政策变动在系统内的传导机制和作用效果，从而用于模拟和政策分析。二是它所具有的结构性，即将模型细分为不同模块，可以使我们清楚地看到不同部门的行为特征及相互关系。因此，SEM模型是我们理解宏观经济运行机制，进行政策分析的必不可少的工具（Fair，2018）。

传统SEM模型在20世纪70年代由于在预测和政策分析方面出现了偏差，遇到了质疑和挑战。从20世纪80年代开始，大型宏观经济模型开始不断发展和创新。为了克服卢卡斯批判（Lucas，1976），许多模型在方程中添加了前瞻性预期，并增加动态设定；针对Sims（1980）提出的长期关系没有限制的问题，目前的宏观经济结构模型强调通过经济学理论对模型中的长期关系施加限制。Engle和Granger（1987）的误差修正机制（Error Correction Mechanism，ECM）理论提出之后，误差修正模型（ECM模型）的设定开始成为主流，在ECM模型的设定下，可以将长期均衡和短期动态在一个统一的框架下进行分析，而且可以对长期均衡施加符合经济学理论的限制（Johansen，1995）。

SEM模型的另一个改进方向是从侧重需求转向需求和供给相结合。20世纪70年代之前大多数的宏观经济结构模型基于凯恩斯理

论，主要以需求为导向，适合进行需求分析和短期预测，对供给方、经济理论以及模型的长期稳定性重视不足（Klein 等，1999）。出于解决实际问题的需要，比如分析社会保障系统或税收系统改革的影响，从 20 世纪 80 年代开始，国际主流大型宏观经济模型开始转向同时关注需求和供给方，将短期需求和长期供给相结合（Don，2003）。

将 SEM 模型与 CGE 模型相结合也是一个创新的方向。CGE 模型能够描述国民经济各个部门、各个核算账户之间的相互依存关系，有坚实的微观经济学基础，是对长期经济政策效果和结构调整的较好的模拟（张欣，2010）。但 CGE 模型大多属于比较静态分析，缺乏对从一个均衡向另一个均衡调整的动态轨迹的模拟，因此，不太适合对经济政策短期效果进行分析（Don，2003）。目前主流大型宏观经济模型都更加注重模型中的经济学理论，其中一类模型是将 CGE 模型具有坚实微观理论基础以及能够刻画长期均衡的优点，与 SEM 模型的动态性相结合，既体现经济变量之间的长期均衡关系，又反映出向均衡调整的动态过程，因此非常适合分析短期和长期、供给和需求之间的关系。荷兰中央计划局（CPB）研发并应用的 JADE 模型（Don，2003；Kranendonk 等，2007）是这类模型的一个代表。它基于年度数据，结合 SEM 模型和 CGE 模型，强调供给和需求以及均衡和动态的相互联系。其包含 2600 多个方程和恒等式，其中 50 多个为行为方程。核心行为方程通过估计或者校准得到，用于荷兰经济中长期分析和政策模拟。

许多国家的中央银行和政府部门都开发了 SEM 模型、CGE 模型、动态随机一般均衡模型（DSGE）等，用于决策和政策分析。特别是 DSGE 模型的出现，由于其具有坚实的微观经济学基础，能够考虑经济活动中不同主体的异质性行为等，成为目前学术界比较主流的宏观经济结构模型形式。但是从宏观经济政策分析的角度看，各种模型形式其实是不能相互替代的，各类模型既有各自的优势，也有局限性。

DSGE 模型也存在一些问题，一般是在有合理预期的假设下求解最大化问题。DSGE 模型很难构成一个规模很大的模型，在一个典型的 DSGE 模型中很难做到细分的层面（disaggregation），比如将投资细分为生产性投资、住房投资、存货投资、金融投资等。一个典型的 DSGE 模型只包含最重要的几个变量，如产出、消费、投资和实际工资的增长，劳动时间，通胀率，利率等。在使用这些变量时，没有考虑与 NIPA 的恒等关系。Fair（2018）对 SEM 模型的优势进行了分析，指出 SEM 模型基于更多的理论，没有模型规模的限制，能够对经济中的细节进行刻画，通过在方程中增加前导变量（lead variables），并且检验其显著性，可以对合理预期的假设进行检验。

第三章

大型宏观经济模型的理论和构建方法

第一节 国民经济核算体系介绍

国民经济核算体系由五个子体系组成：国民收入与生产核算、投入产出核算、资金流量核算、资产负债核算、国际收支核算，其中国民收入与生产核算是整个体系的核心（高敏雪等，2018）。FFA 为考察收入分配核算提供了数据和信息，在 FFA 中，宏观经济分为五个部门，即国内的非金融企业部门、金融机构部门、政府部门、住户部门以及国外部门。非金融企业部门（f）的基本特征是以营利为目的进行市场性经济活动，提供货物和非金融性服务，汇集生产要素进行生产活动并提供产品。金融机构部门（b）的特点是提供金融中介服务，在资金运动中起到中转枢纽的作用。政府部门（g）的特点是提供公共服务，通过税收和转移支付对收入和财富进行再分配。住户部门（h）包括居民住户，也包括无法归属于企业的个体经营单位，是提供生产要素，进行消费的主要部门。国外部门（r）是与国内单位发生经济往来的国外单位，用于考察国民经济的对外活动。有关国民经济核算体系的具体内容可参考高敏雪等（2018）。

第二节　大型宏观经济模型的理论及构建方法和应用

一　基本概念介绍

（一）内生和外生变量

大型宏观经济模型中有两类变量，即内生变量（endogenous variables）和外生变量（exogenous variables）。每一个内生变量或者由一个随机方程（stochastic equations），或称为行为方程（behaviour equations），或者恒等式（identities）来刻画。外生变量不在模型中进行解释，而是在模型之外提前设定或者给定，因此，外生变量通常可以看作是模型的驱动力量，如通常将人口数量、国际贸易量、石油价格等作为外生变量。一些政策变量通常设定为模型的外生变量，如所得税的税率可以设定为外生变量。内生变量和外生变量的划分不是绝对的，例如所得税税率在某些情况下也可以通过刻画政府的行为来进行解释，从而变成内生变量。在全球模型中，国际贸易总量也是内生变量。

（二）行为方程和恒等式

大型宏观经济模型是一组从多方面解释经济变量相互关系的方程系统。方程一般分为两种类型，一是随机方程，或称为行为方程；二是恒等式。随机方程是刻画内生变量行为并根据历史数据进行估计的随机计量方程，如住户部门的消费，根据经济学理论，是由可支配收入、财富存量、利率、年龄结构等变量所决定的，因此可以对住户部门的消费构建一个行为方程，对其行为进行解释。恒等式是刻画经济变量之间恒等关系的等式，因此等式总是成立的。模型中一般包括大量的恒等式，恒等式有些是定义式，如 GDP ＝消费＋

资本形成 + 净出口；有些是统计恒等式，如 GDP 现价 = GDP 不变价 * GDP平减指数；有些是为方便分析而定义的概念，如 GDP 实际增长率 = GDPC/GDPC(-1) -1；有些是统计误差式，如 GDP_e = GDP - （消费 + 资本形成 + 净出口），等等。模型中恒等式的数量一般会大大超过随机方程的数量。

（三）大型宏观经济模型的构建和求解

大型宏观经济模型刻画经济中生产、分配、消费、积累等各类活动。构建模型时，首先根据宏观经济学理论和数据的可得性，对单个行为方程（behaviour equations）进行设定，并利用可得数据对方程中的系数进行估计，之后将单方程和恒等式（identities）构成一个模型系统（model），对模型进行求解。外生变量需要预先给定数值。对模型系统求解时通常通过数值解法，通常可以选择静态（static）解法和动态（dynamic）解法，在样本期内可以使用这两种方法，静态是使用样本期的实际值（realized value）进行估计；动态是使用模拟的值（simulated value）进行估计；在样本期外，因为没有数据的实际值，只能使用动态解法。

（四）模型的检验

对单方程进行估计后，需要进行一系列的统计检验，包括：对行为方程进行检验，包括所估计的结果特别是 ECM 模型中的长期均衡关系是否符合经济学理论；用 t - 检验来检验估计系数的显著性；用 DW 等检验来检验估计误差项中是否存在自相关性；做样本内的预测检验方程预测的精度；对模型设定（misspecification）的合理性进行检验等。

在对模型系统进行估计后，也需要进行针对系统的检验，如进行随机模拟实验（stochastic simulation），包括样本内静态和动态模拟以及样本外动态预测。样本内静态和动态模拟的模拟值可以与实际值对比，保证有很好的预测精度，样本外动态预测值要保证能够收敛，并且主要变量的预测值符合经济学理论和经验判断。在进行模型的比较时，可以运用包容检验（encompassing tests）来比较备选模型的优劣。还可以用随机模拟方法对总的预测方差进行分解，将其来源分解为系数估计值的非确定性以及误差项的非确定性等（Fair，2018）。

（五）大型宏观经济模型的应用：预测和政策分析

大型宏观经济模型的应用首先就是预测。在给定合理的外生变量的条件下，就可以运用模型进行预测，所有内生变量都能得到一个预测值。最常见的应用还包括情景分析（scenario analysis），即假设当外生变量，或者某些内生变量的取值发生改变时，对模型中其他变量的影响，并且比较不同方案下变量预测值的变化。情景分析是运用模型进行政策分析的一个很好的工具。情景分析方法还可以用来对模型结构、设定和估计的合理性进行检验，并对模型进行必要的修正。

二　大型宏观经济模型的构建方法

Laurence R. Klein 等（1999）在其经典著作《宏观经济计量模型原理》（*Principles of Macroeconometric Modeling*）中对宏观经济结构模型方法做了详细的阐述，并且通过建立一个最简化的基础模型和在其基础上稍加扩展的骨干模型（skeleton model）清楚地解释了宏观经济结构模型构建的原理，本节主要参考 Klein 等（1999）著作的第二章，运用其中的基础模型和骨干模型解释宏观经济结构模型的构建方法。

（一）模型的设定

Klein 等（1999）从构建一个最简单的乘数模型开始解释模型中的基本概念。假设在方程（3. 1）至方程（3. 3）中，C_t 是消费，

I_t 是投资，Y_t 是总收入或 GNP，G_t 是政府支出，r_t 是利率。下标 t 表示时期 t。

$$C_t = \alpha_1 + \alpha_2 Y_t + e_t \tag{3.1}$$

$$I_t = \beta_1 + \beta_2 r_t + u_t \tag{3.2}$$

$$Y_t = C_t + I_t + G_t \tag{3.3}$$

方程（3.1）至方程（3.3）分别为消费函数、投资函数以及总收入的恒等式。方程（3.1）和方程（3.2）是随机或行为方程，方程（3.3）是恒等式。内生变量为 C_t 、I_t 、Y_t ，模型对内生变量进行了解释。r_t 、G_t 为外生变量，对外生变量没有方程对其进行解释。

随机方程的设定以经济学理论为基础。在写下方程（3.1）和（3.2）之前，首先我们需要回答的问题是，哪些因素会影响经济中的消费和投资。经济学中有关消费和投资的理论可以用来挑选这些决定因素。方程（3.1）所依据的理论是，家庭根据当前的收入来决定消费。方程（3.2）所依据的理论是，公司的投资是根据当前的利率决定的。在方程（3.1）中消费是收入的函数，在方程（3.2）中投资是利率的函数。这里只是为了对模型基本方法进行解释，因此方程背后的理论显然过于简单，在实践中，需要在更合理的理论基础上设定行为方程。

e_t 和 u_t 是误差项。方程中的误差项包含了所有没有被包含在解释变量之中的有助于解释内生变量的其他变量。例如，在方程（3.1）中，收入作为决定消费的唯一解释变量被明确包含在收入方程中，此外还有许多其他因素可能会影响消费，比如利率、财富、永久收入等，但并不是所有变量都可以包含在一个方程中。原因有很多，比如有关变量的数据可能不存在，或者数据难以获得等。我们通过在方程中加入一个误差项来概括所有遗漏变量的影响。因此，方程（3.1）中的误差项 e_t 表示除当期收入外影响消费的所有因素。同样，方程（3.2）中的误差项 u_t 表示除利率外影响投资的所有因素。

假设我们完全正确地设定了消费只是收入的函数，或者说，假设除了收入以外，没有其他因素对消费有任何影响，那么误差项 e_t 等于零。尽管这是不现实的，但很明显，人们希望每个时期的消费主要由收入来解释。即解释消费的其他因素不会产生很大影响，因此每个时期的误差项应很小。这意味着误差项的方差很小，方差越小，说明方程中解释变量的解释能力越强。误差项的方差是对方程左边变量中没有被解释部分的估计。在宏观经济学中，方差从不为零，总有一些影响变量的因素是随机方程所没有包含的。

方程（3.3）是总收入的恒等式，是永远成立的，因为无论消费和投资的理论怎样，在国民收入核算体系中，收入的定义就是消费、投资和政府支出之和（这里假设不考虑出口和进口）。

（二）方程估计（equations estimation）

随机方程的设定完成之后，如果要在模型中使用它们，就必须运用历史数据对方程进行估计。有很多种估计方法可以用来对方程进行估计。最普遍和直观的估计方法就是最小二乘法（OLS），普通最小二乘法选择的直线使每个观测值与估计出来的直线的偏差的平方之和（即距离）最小。宏观计量经济学中常用的一种估计方法是两阶段最小二乘法（2SLS），该方法与最小二乘法相似，除了它可以调整解释变量（方程右侧）中存在内生变量时出现的某些统计问题。

（三）模型求解（model solving）

对单方程进行估计之后，需要将所有行为方程和恒等式进行联立，形成一个模型系统，然后对模型进行求解。所谓“求解”模型，是在给定系统外生变量的值之后，对模型中的内生变量的值进行求解。例如，在时期 $t-1$ 时，我们想要用模型来预测时期 t 的消费、投资和收入，如果用模型（3.1）至模型（3.3）进行求解，首先需

要知道时期 t 的政府开支和利率的值，这时将这两个变量作为模型的外生变量，变量值提前给定。还必须为时期 t 的误差项赋值。在大多数情况下，误差项的赋值为零。给定外生变量的值、误差项的值和系数估计值，方程（3.1）、方程（3.2）、方程（3.3）是带有3个未知内生变量 C_t 、I_t 、Y_t 的3个方程，这样3个内生变量的值就可以得到求解。

类似方程（3.1）至方程（3.3）的模型称为联立方程模型（simultaneous equations）。在实践中，通常使用类似 Gauss-Seidel 的数值方法来对模型进行求解。Gauss-Seidel 方法的步骤如下：

（1）先试探性给出一组内生变量的初始值。

（2）用这组初始值，解出所有方程左边的变量。

（3）通过步骤2生成一组新的内生变量值。用这个新值集合替换初始值集合，再次解出方程左边内生变量的值。

（4）继续用新集合替换前一组值，直到新集合和前一组值之间的差异在要求的精确度范围内。当达到要求的精确度时，即达到“收敛”（convergence），模型得到估计。

（四）模型检验

检验一个模型是否合理的最直接的方法就是看其预测值与实际值有多大程度的接近。假设想知道一个模型能在多大程度上解释20世纪70年代的产出和通货膨胀，给定这段时间内外生变量的实际值，运用模型可以求解内生变量，内生变量的解值为预测值。如果产出和通货膨胀的预测值接近实际值，那么我们可以说该模型很好地解释了20世纪70年代的产出和通货膨胀。

在样本外时期，使用“猜测”的外生变量值的模型解称为事前模拟（ex ante predictions）。在已知外生变量实际值的历史时期内，模型的解称为事后模拟（ex post predictions）。事后模拟不需要猜测外生变量的值，因为所有变量都是已知的。因此，可以使用事后模拟来检验一个模型，以检验它预测历史事件的能力。

（五）模型预测

一旦一个模型被确定和估计，它就可以用来预测未来。预测时首先需要选择外生变量的未来值，在给定外生变量值后，即可解出内生变量的预测值。滞后变量（lagged variables）是从上一个观测时期延续下来的，在模型中与外生变量具有相同的作用。滞后和外生变量在求解过程中作为输入项，如果需要做多期预测，在得到第一期预测值后，外生变量值必须作为外部输入项反复给定，而滞后值可以作为延迟的内部输入从先前的预测值中生成。

（六）情景分析和方案模拟（scenario analysis）

模型的一个很重要的用途是政策模拟分析。比如，如果想模拟政府支出改变时，总收入会受到多大程度的影响，就是运用模型进行政策模拟分析。

首先求解当外生变量，如模型（3.1）至模型（3.3）中 G_t、r_t 的值为基准值时，对内生变量进行求解所得到的值，记为 Y_t^*。然后假设外生变量取另外的值，记做方案 1，对模型进行求解，得到 Y_t^{**}，$Y_t^{**}-Y_t^*$ 是由于政府收支变化而造成的收入的变化，通常会计算政府支出的乘数，即 Y 的变化量除以 G 的变化，即计算政府支出增加 1 个单位，会导致经济总的收入所增加的量。也可以通过同样的方法模拟利率变化对模型中各个内生变量的影响。通过这样的模拟，可以研究和分析各种政策，如财政政策和货币政策对宏观经济的影响。

三　一个简单的大型宏观经济模型的示例

Klein 等（1999）在其著作中详细阐述了如何从一个从国民收入账户（NIA）开始，构建一个最简化的模型。表 3—1 为 NIA 中的变量和关系。

表 3—1　　NIA 中的变量和关系

家庭（*H*）		
（*EH*1）消费支出 =（*RB*1）	（*RH*1）	从企业获得的收入 =（*EB*1）
（*EH*2）支付给政府的税收 =（*RG*1）	（*RH*2）	从政府获得的收入 =（*EG*1）
（*EH*3）个人储蓄 =（*S*1）		
企业（*B*）		
（*EB*1）支付给家庭的收入 =（*RH*1）	（*RB*1）	卖给家庭获得的收入 =（*EH*1）
（*EB*2）支付给政府的税收 =（*RG*2）	（*RB*2）	卖给政府获得的收入 =（*EG*2）
（*EB*3）进口 =（*RF*1）	（*RB*3）	出口 =（*EF*1）
（*EB*4）折旧 =（*S*5）	（*RB*4）	企业卖给企业，即投资 =（*U*1）
（*EB*5）企业储蓄 =（*S*2）		
政府（*G*）		
（*EG*1）对家庭的工资和转移支付 =（*RH*2）	（*RG*1）	来自家庭的税收 =（*EH*2）
（*EG*2）从企业中的购买 =（*RB*2）	（*RG*2）	来自企业的税收 =（*EB*2）
（*EG*3）政府储蓄 =（*S*3）		
国外部门（*F*）		
（*EF*1）出口 =（*RB*3）	（*RF*1）	进口 =（*EB*3）
（*EF*2）国外储蓄 =（*S*4）		
来源和使用（*S*/*U*）		
（*U*1）企业投资 =（*RB*4）	（*S*1）	个人储蓄 =（*EH*3）
	（*S*2）	企业储蓄 =（*EB*5）
	（*S*3）	政府储蓄 =（*EG*3）
	（*S*4）	国外储蓄 =（*EF*2）
	（*S*5）	折旧 =（*EB*4）

如表 3—1 所示，简化的 NIA 包括家庭（*H*）、企业（*B*）、政府（*G*）、国外（*F*）以及来源（*S*）和使用（*U*）。对于每个部门，收入账户包括收入方和支出方。每一项都会在 NIA 中出现两次。例如，家庭收入中的“从企业获得的收入”也就是企业支出中的“支付给家庭的收入”。按照账户结构，每个部门的各项收入之和等于各项支出之和。以家庭为例，家庭收入来源于企业收入（*RH*1）和政府收

入（$RH2$），家庭支出包括消费支出（$EH1$）、支付给政府的税收（$EH2$）和个人储蓄（$EH3$）。根据账户的结构，可以在家庭建立恒等式方程（3.4）。

同样还可以为企业、政府、国外部门以及来源和使用设置4个恒等式。这些恒等式定义了变量的相互关系，大型宏观经济模型中大部分方程是来构建这种恒等关系。

$$(EH1)+(EH2)+(EH3)=(RH1)+(RH2) \tag{3.4}$$

$$(EB1)+(EB2)+(EB3)+(EB4)+(EB5)=$$
$$(RB1)+(RB2)+(RB3)+(RB4) \tag{3.5}$$

$$(EG1)+(EG2)+(EG3)=(RG1)+(RG2) \tag{3.6}$$

$$(EF1)+(EF2)=(RF1) \tag{3.7}$$

$$(U1)=(S1)+(S2)+(S3)+(S4)+(S5) \tag{3.8}$$

为建立一个完整的模型，我们需要将每个内生变量用恒等式或行为方程来刻画。没有由行为方程或恒等式来刻画的变量需要定义为外生变量，即外生给定的变量。对于表3-1中的NIA系统，有28项和14个变量（每一项在两个不同部门中出现2次）。由于已经将5个恒等式设为方程（3.4）至方程（3.8），仍需要设定7个关于经济行为、制度以及技术结构的行为方程（3.9）至方程（3.15），以及2个外生变量。

其中行为方程为：

1. 消费函数

$$(EH1)=\alpha_0+\alpha_1[(RH1)+(RH2)-(EH2)]+\alpha_2(EH1)_{-1}+e_1 \tag{3.9}$$

方程（3.9）表示消费支出（$EH1$）是可支配收入［（$RH1$）+（$RH2$）-（$EH2$）］以及滞后一期消费（$EH1$）$_{-1}$的函数，可支配收入表示为从企业获得的收入（$RH1$）加上从政府获得的收入（$RH2$）减去支付给政府的税收（$EH2$）。前一期消费作为一个附加的解释变量来刻画消费习惯或者可支配收入分布滞后的转变，随着时间推移几何权重下降。

2. 税收函数

$$(EH2) = \beta_0 + \beta_1[(RH1) + (RH2)] + e_2 \tag{3.10}$$

方程（3.10）表示支付给政府的税收（$EH2$）由总的家庭收入[（$RH1$）+（$RH2$）]解释。β_1 可解释为支付给政府的税收占家庭总收入的比重。

3. 工资函数

$$(EB1) = \gamma_0 + \gamma_1[(RB1) + (RB2) + (RB3) + (RB4)] + e_3 \tag{3.11}$$

方程（3.11）表示支付给家庭的收入（$EB1$）由企业总收入[（$RB1$）+（$RB2$）+（$RB3$）+（$RB4$）]解释。γ_1 可解释为支付给家庭的收入占企业总收入的比重。

4. 企业税收函数

$$(EB2) = \delta_0 + \delta_1[(RB1) + (RB2) + (RB3) + (RB4) - (EB1) - (EB3) - (EB4)] + e_4 \tag{3.12}$$

方程（3.12）表示支付给政府的税收（$EB2$）由企业的总收入[（$RB1$）+（$RB2$）+（$RB3$）+（$RB4$）]减去要素和重要的材料成本[（$EB1$）+（$EB3$）+（$EB4$）]，即企业的净收入来解释。δ_1 可解释为支付给政府的税收占企业净收入的比重。

5. 进口函数

$$(EB3)=\varepsilon_0+\varepsilon_1[(RB1)+(RB2)+(RB3)+(RB4)]+e_5 \tag{3.13}$$

方程（3.13）表示进口（$EB3$）由企业总收入［（$RB1$）+（$RB2$）+（$RB3$）+（$RB4$）］来解释。ε_1 可解释为进口占企业总收入的比重。

6. 折旧方程

$$(EB4)=\xi_1(RB4)+\xi_2(EB4)_{-1}+e_6 \tag{3.14}$$

方程（3.14）表示折旧或资本消耗（$EB4$）由投资（$RB4$）和滞后一期的折旧（$EB4$）$_{-1}$ 来解释，是两者的加权平均。

7. 投资方程

$$(RB4)=\eta_0+\eta_1[(RB1)+(RB2)+(RB3)+(RB4)-(EB3)]+\eta_2(RB4)_{-1}+e_7 \tag{3.15}$$

方程（3.15）表示投资（$RB4$）由企业总收入［（$RB1$）+（$RB2$）+（$RB3$）+（$RB4$）］减去进口（$EB3$），以及投资的一阶滞后（$RB4$）$_{-1}$ 来解释。

两个外生变量的定义为：

（1）（$EG1$）+（$EG2$）= 外生变量 （3.16）

式（3.16）表示政府总支出［（$EG1$）+（$EG2$）］是外生变量，由政府的立法和行政部门制定。

（2）（$EF1$）= 外生变量 （3.17）

式（3.17）表示出口（$EF1$）被定义为外生变量，由国际市场决定。

通过构建以上 5 个恒等式、7 个行为方程和设置 2 个外生变量，就用 NIA 系统中的 14 个变量建立了一个非常简单的宏观计量经济联立方程模型。基于统计数据可以估计行为方程的系数。当外生变量的值给定时就可以求解模型，然后进行预测或者政策模拟。

以上用于示范的基于 NIA 核算的基础模型虽然简洁，但基本可以解释大型宏观经济模型的思想和基本概念，如内生和外生变量、恒等式和行为方程、估计和检验、模型的基本结构等。然而由于这个示范模型仅仅是根据 NIA 中列出的变量来构建的，因此受到太多的限制，无法包含实用模型中所需要的所有信息和变量。例如，还缺乏以下因素：（1）显著非线性；（2）充分的动态；（3）市场价格变量，比如价格、利率、工资率等；（4）适当的同质性。前两个缺陷与仅在 NIA 核算框架下构建模型不是特别相关，但后两个缺陷的产生是因为价格未明确进入 NIA 核算框架中。

在 NIA 中，没有表示价格、利率、工资率等市场价格的变量。根据经济学理论，消费、进口或投资倾向应与价格相关，如当前和未来价格的比率（利率）以及国内外价格的比率。为了克服上述缺陷，需要将 NIA 进行扩展，将工资率、劳动生产率和其他新的因素引入以上基础模型得到一个骨干模型。一个骨干模型有着与 NIA 相同的加总（aggregation）程度，但是允许市场价格变量（价格、工资率和利率）在必要时使用同质性条件。这个骨干模型可以作为构建大型宏观经济模型的出发点。通过分解、细化和扩展这个骨干模型，可以构建目前在大多数市场经济中应用的类似的实用模型。

与 NIA 模型类似，骨干模型包含恒等式、行为方程以及外生变量的设定，而且包含更多的变量，如一般价格水平、名义利率、就业、生产、名义货币供给等，因此增加了价格形成、生产函数、货币流通速度等方程。

骨干模型包含 18 个内生变量，其中 4 个恒等式分别模拟了国内生产总值（GNP）、国民收入（NI）、资本存量以及 GNP 和 NI 的关系，10 个行为方程分别刻画消费、投资、出口、进口、生产、价格、工资、劳动参与率、货币供应速度和折旧。4 个法律和制度方程也包含其中，分别定义了间接税、个人直接税、公司直接税和转移支付方程。实际商品和服务的公共支出、实际世界贸易量、世界贸易价格水平、进口价格水平、人口数和名义货币供给量设定为系统的外生变量。骨干模型中内、外生变量的定义在表3—2中给出。

表3—2　　骨干模型中的内、外生变量

内生变量		外生变量	
C_t	实际消费支出	G_t	实际商品和服务的公共支出
Y_t	名义个人可支配收入	$(WT)_t$	实际世界贸易量
p_t	总的价格水平	$(p_w)_t$	世界贸易价格水平
I_t	实际总的资本形成（投资）	$(p_m)_t$	进口价格水平
X_t	实际 GNP	N_t	人口数
r_t	名义利息率	M_t	名义货币供给量
K_t	期末的实际资本存量		
E_t	实际出口		
$(IM)_t$	实际进口		
L_t	就业人数		
w_t	工资率		
$(LF)_t$	劳动者人数		
D_t	实际资本消费（折旧）		
T_{1t}	名义间接税		
T_{2t}	名义个人直接税		
T_{3t}	名义公司直接税		
T_{rt}	名义政府对个人的转移支付		
P_t	名义非工资收入（利润）		

骨干模型中的等式包括方程（3.18）至方程（3.21）4个方程。

1. GNP的定义式

$$C_t + I_t + G_t + E_t - IM_t = X_t \tag{3.18}$$

方程（3.18）是 GNP 的定义式，其中 C_t 、I_t 、G_t 、E_t 、$(IM)_t$ 、X_t 分别为实际消费支出、实际总的资本形成（投资）、实际商品和服务的公共支出、实际出口、实际进口、实际 GNP。

2. 个人可支配收入（ Y_t ）的关系式

$$p_tX_t - T_{1t} - p_tD_t = Y_t + T_{2t} + T_{3t} - T_{rt} \tag{3.19}$$

方程（3.19）表示的是 FFA 中有关个人可支配收入等变量的一个等式。其中 p_t 为总的价格水平，X_t 为实际 GNP，T_{1t} 、T_{2t} 、T_{3t} 分别为名义间接税、名义个人直接税、名义公司直接税，D_t 为实际资本消费（折旧），Y_t 为名义个人可支配收入，T_{rt} 为名义政府对个人的转移支付。

3. 名义非工资收入（利润）（ P_t ）的定义式

$$w_tL_t + P_t = Y_t + T_{2t} + T_{3t} - T_{rt} \tag{3.20}$$

方程（3.20）是 FFA 中的有关名义非工资收入（利润）等变量的一个等式。其中 w_t 为工资率，L_t 为就业人数，Y_t 为名义个人可支配收入，P_t 为名义非工资收入（利润），T_{2t} 、T_{3t} 、T_{rt} 分别为名义个人直接税、名义公司直接税、名义政府对个人的转移支付。

4. 资本存量（ K_t ）的定义式

$$K_t = K_{t-1} + I_t - D_t \tag{3.21}$$

方程（3.21）是关于资本存量等变量的定义式，其中 K_t 、I_t 、D_t 分别为期末的实际资本存量、实际总的资本形成（投资）、实际资本消费（折旧）。

骨干模型中的行为方程为方程（3.22）至方程（3.31）10 个方程。

1. 消费函数

$$C_t = \alpha_0 + \alpha_1(Y_t/p_t) + \alpha_2 C_{t-1} + u_{1t} \tag{3.22}$$

方程（3.22）表示实际商品和服务的消费支出 C_t 由实际个人可支配收入 Y_t/p_t 和滞后一期的实际商品和服务的消费支出 C_{t-1} 来解释。

2. 投资函数

$$I_t = \beta_0 + \beta_1 X_t + \beta_2 r_t + \beta_3 K_{t-1} + u_{2t} \tag{3.23}$$

方程（3.23）表示实际总的资本形成（投资）I_t 由实际 GNP（X_t）、名义利息率 r_t 和滞后一期的期末的实际资本存量 K_{t-1} 来解释。

3. 出口函数

$$E_t = \gamma_0 + \gamma_1 (WT)_t + \gamma_2[(p_w)_t/p_t] + \gamma_3 E_{t-1} + u_{3t} \tag{3.24}$$

方程（3.24）表示实际出口 E_t 由实际世界贸易量 $(WT)_t$、世界贸易价格水平与总的价格水平的相对变化 $[(p_w)_t/p_t]$ 以及滞后一期的出口总额 E_{t-1} 来解释。

4. 进口函数

$$(IM)_t = \delta_0 + \delta_1 X_t + \delta_2[p_t/(p_m)_t] + \delta_3 (IM)_{t-1} + u_{4t} \tag{3.25}$$

方程（3.25）表示实际进口 $(IM)_t$ 由实际 GNP（X_t）、总的价格水平与进口价格水平的比值（即相对变化）$[p_t/(p_m)_t]$，以及滞后一期的实际进口 $(IM)_{t-1}$ 来解释。

5. 生产函数

$$\ln L_t = \varepsilon_0 + \varepsilon_1 \ln X_t + \varepsilon_2 \ln K_{t-1} + \varepsilon_3 \ln L_{t-1} + u_{5t} \tag{3.26}$$

方程（3.26）表示就业人数 L_t 由生产函数决定的总需求决定。其中 X_t 为实际 GNP，K_{t-1} 为上一期期末的实际资本存量。

6. 价格形成方程

$$p_t = \zeta_0 + \zeta_1(w_tL_t/X_t) + \zeta_2(p_m)_t + u_{6t} \tag{3.27}$$

方程（3.27）表示总的价格水平 p_t 由工资总额在实际 GNP 中的份额（w_tL_t/X_t），以及进口价格水平 $(p_m)_t$ 来解释。

7. 工资形成方程

$$\Delta\ln w_t = \eta_0 + \eta_1\{(LF)_t/[(LF)_t - L_t]\} + \eta_2\Delta\ln p_t + u_{7t} \tag{3.28}$$

方程（3.28）表示工资率的变化 $\Delta\ln w_t$ 由劳动力市场供需状况 $(LF)_t/[(LF)_t - L_t]$ 和通胀率 $\Delta\ln p_t$ 来解释。其中 $(LF)_t/[(LF)_t - L_t]$ 为劳动者人数与失业人数的比值，是失业率的倒数，表示劳动力市场供需状况。

8. 劳动参与率方程

$$[(LF)_t/N_t] = \theta_0 + \theta_1\{[(LF)_t - L_t]/(LF)_t\} + \theta_2(w_t/p_t) + u_{8t} \tag{3.29}$$

方程（3.29）表示劳动参与率 $(LF)_t/N_t$ 由失业率 $[(LF)_t - L_t]/(LF)_t$ 和实际工资率（w_t/p_t）来解释。

9. 货币流通速度方程

$$\ln(p_tX_t/M_t) = \tau_0 + \tau_1 r_t + \tau_2\Delta\ln p_t + u_{9t} \tag{3.30}$$

方程（3.30）表示货币流通速度（p_tX_t/M_t）是由名义利息率 r_t 和通胀率 $\Delta\ln p_t$ 来解释的。

10. 折旧方程

$$D_t = \kappa K_{t-1} + u_{10t} \tag{3.31}$$

方程（3.31）是一个技术方程，D_t 为实际资本消费（折旧），K_{t-1} 为上期期末的实际资本存量，用方程（3.31）估计折旧率 κ 。

以下方程（3.32）至方程（3.35）为骨干模型中的制度方程（legal or institutional equations），含义很直观，这里不再做进一步的解释。

1. 名义间接税方程

$$T_{1t} = \mu_{10} + \mu_{11}(p_t X_t) + u_{11t} \tag{3.32}$$

2. 名义个人直接税方程

$$T_{2t} = \mu_{20} + \mu_{21} Y_t + u_{12t} \tag{3.33}$$

3. 名义公司直接税方程

$$T_{3t} = \mu_{30} + \mu_{31} P_t + u_{13t} \tag{3.34}$$

4. 政府对个人的转移支付方程

$$Tu_{rt} = \mu_{r0} + \mu_{r1}[(LF)_t - L_t] + \mu_{wr} w_t + u_{14t} \tag{3.35}$$

以上介绍的骨干模型虽然规模很小，仅包含 18 个内生变量、6 个外生变量，方程的设定也很简单易于理解，但是已经能很好地示范宏观经济结构模型的构建方法。在政府机构、大型工业企业、银行和国际组织实际使用的大型宏观经济模型中，通常包括更多的模块和变量，但是模型构建的基本原理和方法与这里介绍的骨干模型是类似的。有很多方法对骨干模型进行扩展，如根据数据的可得性将变量进行细分，将总消费分为不同类型的消费，如住房和非住房消费、商品和服务的消费等，有时将商品消费进一步细分为食品、非耐用品、耐用品的消费等。另一个扩展和改进的途径是对模型的设定进行改进，在骨干模型中基本没有考虑变量的平稳性和动态性以及预期的形成，随着 ECM 模型的普遍应用，目前在模型设定时一般都采用 ECM 模型，并加入更多的动态性分析。另外还可以通过在方程中加入适当的领先变量等方法在方程设定时加入预期的影响。本专著第五章介绍的 CAMM 模型以及第六章介绍的 QECM 模型与这里介绍的骨干模型类似，只是根据研究需要和数据的可得性进行了各种形式的扩展和改进。

四　方程的设定和估计

行为方程的设定需要考虑以下因素：函数形式，即方程应该采用线性还是非线性形式等；解释变量，即方程中应该包括哪些解释变量；动态形式，以及如何对系数进行限制等。

方程（3.36）是目前单方程设定时常用的 ECM 模型的设定形式。在 ECM 模型的设定下，数据中的长期均衡和短期动态可以在同一个方程中得到识别。变量的长期协整关系基于经济理论来设定和估计，短期动态从数据中估计得到（Juselius，2006）。

$$\Delta y_t = c + \sum_{i=1}^{k_1} a_i \Delta y_{t-i} + \sum_{i=0}^{k_2} b_i \Delta x_{t-i} - \alpha(y_{t-1} + \sum \beta_i x_{t-1}) + \varepsilon_t \quad (3.36)$$

估计行为方程中的未知系数时最常用的是 OLS。在误差项满足一些统计假设时，可以检验设定的有效性以及估计系数的统计特性，例如数据的拟合程度、估计系数符号的显著性、方程设定的有效性等。

一般需要进行4类检验：第一，用标准的t检验和F检验来检验估计参数的统计显著性；第二，检验估计参数的预期理论符号；第三，检查各种违反经典线性回归模型的诊断检验，如非正态性、自相关和序列相关、异方差以及函数形式等；第四，通过Chow或CUSUM等检验检查估计方程的常数性，以确保方程估计系数不会随时间发生显著变化。

五　估计模型并评估有效性

将恒等式和行为方程组合在一起构建模型。模型中每一个内生变量都应该作为恒等式或行为方程来建模。在给定外生变量的数据时，可以求解整个模型。典型的宏观联立方程模型是动态非线性的联立方程组，并且具有与解释变量和滞后值相关的误差项，在估计时必须考虑这些因素。在估计模型系统时，常用的估计方法包括不考虑不同方程误差项相关性的有限信息极大似然法（LIML）、2SLS、两阶段最小绝对值偏差法（2SLAD），以及考虑不同方程误差项相关性的全信息最大似然法（FIML）、三阶段最小二乘法（3SLS）等。

一般先在样本期内选择静态和动态估计方法得到估计值，将估计值与实际值进行对比，观察估计误差，静态估计方法得到的估计误差一般较小，动态估计方法得到的估计误差一般较大，如果得到的估计误差明显太大，特别是出现了趋势性的问题，就需要对模型和数据进行修正。在样本期外通过动态求解可以得到模型中所有内生变量的预测值，然后对所有预测值的合理性，特别是重要经济变量变动趋势的合理性进行分析，如果出现了明显的问题，如预测长期不收敛、预测结果明显不符合经济学理论或者经济学家的判断，就需要进一步分析出现问题的原因，对模型进行修正。

完整的模型检验包括：模型的动态响应是否合理，特别是模型在受到冲击时不应出现不收敛的情形，以及政策模拟一般应符合理论预期和直觉。如果模拟结果不符合理论预期和直觉，应提供充分的解释（Fair，2018）。

对模型进行评估包括评估模型和数据的拟合程度。最常用的方法是进行样本内预测，即在样本中进行动态模拟，并在某些标准下将预测值与实际值的差别进行比较，例如以均方根误差（RMSE）作为比较的标准等。这个过程将计算每期给定变量的预测误差，然后根据这些预测误差计算 RMSE。将该 RMSE 和其他结构模型或者自回归以及向量自回归等模型进行比较，确定预测效果较优的模型。

六　建模的其他问题

（一）模型的规模

在设计模型结构时，需要决定适当的模型规模。Klein 等（1999）指出，太小的模型无法捕捉到经济的复杂性，可能造成误导性的政策结论。在构建大型模型时，可能存在数据限制，对于全信息最大似然估计，理想的样本数应该超过随机方程数和前定变量数的总和。但是当模型的规模太大时，由于方程数量过多，基于模型对经济进行分析将会变得十分困难。

（二）知识与建模能力

总体上，正如 Charemza 和 Deadman（1992）所建议的那样，计量经济学家在进行任何计量经济学建模之前应该有良好的经济理论知识，可靠的数据获得来源，有着充足的计量经济学理论知识以及良好的“技术诀窍”和方法论。这种“技术诀窍”会帮助建模者将经济学理论、统计数据和计量经济学理论很好地结合，以得到理想的模型。

第四章

基于供给要素的中国中长期经济预测模型（CEMS模型）

第一节 CEMS模型简介

本章介绍笔者开发的基于供给要素的CEMS模型。CEMS模型主要参考法国世界经济研究所（CEPII）开发的世界经济预测模型CEPII2012（Fouré等，2012）的方法，建立中国中长期预测模型，主要目的是从供给侧的角度，对未来30年中国经济的长期增长潜力进行分析，对中国2022—2050年经济总量以及其他重要经济变量的变动趋势、在世界经济中所占的份额以及与其他经济体对比的动态变化等进行分析和预测。通过从供给侧要素分析影响中国长期经济增长潜能的决定因素，提出改进和深化中国供给侧结构性改革的政策建议，消除阻碍长期经济增长的制度障碍，推动有利于经济长期增长的有利因素，促进经济的长期发展。

本章所构建的CEMS模型以及实证分析的结论为第五、第六章所构建的以需求导向为主、需求和供给侧相结合的大型宏观经济模型提供了分析基础并形成约束条件。以需求导向为主的模型更侧重于中短期的预测和政策分析，同时应当受到长期增长潜力的约束，短期内需求过度偏离长期增长潜力将造成经济增长和物价水平的大幅波动，不利于经济长期可持续发展。本章所构建的基于供给要素的 CEMS 模型的实证分析结果可以通过供给约束加入第五、第六章所构建的主要以需求为导向的模型中。

目前已经发表的中国大型宏观经济模型都是主要以需求导向为主、用于中短期预测和政策分析，其中供给侧约束的设定都较简单，大多由柯布—道格拉斯（Cobb-Douglas，C－D）生产函数表示，C－D 生产函数所包含的要素是全要素生产率、资本存量和劳动投入，在做预测时，一般使用理论分析对全要素生产率和资本存量在样本外的值进行外生性假定。

本章所构建的 CEMS 模型尝试做出以下几点创新：第一，生产函数使用嵌套常替代弹性生产函数（Constant Elasticity of Substitution Function，CES），生产要素中不仅包含资本存量、劳动投入，还包含能源消费，在生产效率方面不仅包含体现资本存量和劳动投入效率的全要素生产率，而且包含了反映能源使用效率的能源消费效率，这种能够反映能源使用效率和能源约束的模型设定在中国目前以“碳中和”“碳达峰”为目标的大背景下更加具有现实意义。第二，目前文献中对中国经济增长潜力进行预测时一般使用全国的总量数据，CEMS 模型充分利用中国丰富的分省份数据，对中国经济发展的区域差异、区域间的追赶效应和趋同效应进行分析，并且对经济增长、教育水平、全要素生产率和能源消费效率等方面领先的省份，如北京、上海、广东等省份所发挥的引领作用的重要性进行了实证分析，从而观察到来自中国区域不均衡和追赶及收敛效应所产生的长期增长和发展韧性的源泉。第三，目前文献中的长期增长模型对教育水平、储蓄率或投资率、全要素生产率等要素的样本外数据一般采取根据理论分析进行外生给定的方法进行设定，在 CEMS 模型中，尽量减少外生变量的数量，将教育水平、储蓄率、全要素生产率和能效消费效率等都作为内生变量，建立行为方程进行分析，反映出变量之间的相互联系和影响，从而更加能够体现构建大型结构模型的优势。第四，CEMS 模型使用 Stata 15 软件进行编程，从数据处理到行为方程估计、模型构建、方案模拟以及图表和结果输出等全部环节都通过 Stata 15 软件编程完成。相关的原始数据文件、Stata 15 的程序文件以及数据和程序文件的使用说明文件都与本书一起发布，方便读者加深对模型构建方法的理解，也方便读者对模型进行更新和改造。

本章内容安排如下：第二节简述研究意义；第三节阐述 CEMS 模型的理论框架；第四节说明构建 CEMS 模型的计量经济学方法；第五节分不同模块对模型中各个行为方程的理论基础、数据来源、方程估计结果等进行详细介绍；第六节对联立方程模型系统的构建进行说明，并在模型系统的基础上对 2022—2050 年中国经济增长进行预测，在不同方案下进行情景分析。

第二节 研究意义

党的十九大报告综合分析国际国内形势和中国实际发展条件，将向第二个百年目标迈进的过程划分为两个阶段。第一个阶段，从 2020—2035 年，在全面建成小康社会的基础上，再奋斗十五年，基本实现社会主义现代化。第二个阶段，从 2035 年到本世纪中叶，在基本实现社会主义现代化的基础上，再奋斗十五年，把中国建成富强民主文明和谐美丽的社会主义现代化强国。在此阶段，中国经济需要保持较快的发展势头，为到 2050 年把中国建设成社会主义现代化强国打下坚实的基础。因此，在 2020—2035 年中国迈向社会主义现代化强国的关键时期，必须保证一定的经济增长速度（刘伟、陈彦斌，2021）。

为制定和实施有效的发展战略，政府有必要对本国的经济增长潜能进行预测和分析。有两个方面的工作非常重要，一是需要对本国经济的发展潜能、决定因素、不确定因素等进行科学和客观的全面分析；二是在此基础上政府发挥管理和规划的功能，在增长潜能的范围内，提前制定未来中长期发展规划和增长目标，制定政策大力促进经济增长的有利因素，对阻碍生产率发展的制度因素进行改革，并引导社会资源向有利于生产率发展和经济增长的方向流动。建立 CEMS 模型的目的就是对未来 30 年中国经济增长的潜力进行分析，为国家制定中长期发展目标提供政策支持。

第三节 CEMS 模型的理论框架

在长期经济增长潜力模型中，很多是从追赶效应进行理论分析，如法国世界经济研究所开发的世界经济预测模型 CEPII2012（Fouré 等，2012）（以下简称“CEPII 模型”），对世界 55 个国家直到 2050 年的长期增长潜力进行预测，将各个国家与处于领先地位国家水平的差距作为行为方程设定中重要的解释变量之一。本章所构建的 CEMS 模型主要参考 CEPII 模型的方法，利用中国丰富的分省份数据，考虑各省份与发达省份之间的追赶效应，从供给侧建立中国长期预测模型。从中国分省份数据看，中国区域之间在经济发展、人口教育和人力资本、人均资本存量、全要素生产率、能源消费效率等各方面都存在明显的差异，领先地区如北京、上海、广东、江苏等省份在人均 GDP、全要素生产率水平、人口受教育水平等方面在全国处于很明显的领先地位，其他省份与领先省份相比存在较大的差距。尽管存在差距，但目前区域之间的发展处于收敛的态势，这是由中国实行社会主义市场经济制度，致力于全体人民共同富裕的发展理念和战略所决定的。

改革开放以来，中国实行社会主义市场经济体制，其宏观经济和社会发展的政策取向是在使一部分人先富起来之后实现全体人民的共同富裕。中国政府一直重视区域经济的协调发展，在推动区域经济协调发展方面也出台和实施了一系列战略，如 2000 年提出的“西部大开发战略”，之后的“京津冀一体化战略”，以及最近提出的“长三角、珠三角区域协同发展战略”等。在社会主义市场经济的理论指导以及各项区域经济协同发展政策的带动下，近二十年来中国省份之间的差距，如人均 GDP、人口受教育水平、全要素生产率、能源消费效率等各个方面都存在追赶和收敛的趋势。同时，北京、上海、广东等经济发达省份由于具有人才和产业等聚集优势，在许多方面处于突出的领先地位，这些领先区域经济和教育的发展水平又对其他区域起到带动作用，未来领先地区的发展潜能，以及其他区域向领先地区靠近的追赶效应是中国经济增长的主要源泉和动力，也是中国经济增长具有强大韧性的原因。未来北京、上海等作为科技研发的领先地区，广东、江苏等作为工业发展领先强省是否能够依靠自主创新，进一步提高全要素生产率和能源消费效率，提高科技发展水平，向高端制造业升级，在各方面缩小与发达国家的差距，是决定未来中国经济增长潜力的一个重要因素，而其他地区能否继续保持协同发展的态势对中国经济长期可持续发展也将起到关键性作用。基于以上分析，在构建 CEMS 模型时，参考 CEPII 模型，将宏观经济发展理论中的追赶理论作为重要的理论基础。

第四节　构建 CEMS 模型的计量经济学方法

一　单方程设定和估计方法

在估计联立方程模型系统之前，先对教育水平、投资率、劳动参与率、全要素生产率、能源消费效率在单方程的设定下进行建模。由于 CEMS 模型的理论基础是追赶效应，因此特别适合用中国的分省份数据对追赶效应进行估计，中国丰富和较完备的分省份统计数据也为实现这一分析方法提供了数据支持。首先运用中国分省份年度数据确定领先省份。上海具有最高的人均 GDP 水平，北京有最高的人口受教育水平，但是考虑到北京和上海在经济结构上的特殊性，即主要以服务业为主的北京和上海，其第三产业所占比重分别达到 84%和 73%（2020 年），已经进入后工业化阶段，而在工业占 GDP 比重较大的省份中，广东和江苏在以上各个方面处于明显领先地位。在选择领先地区指标时，考虑到北京、上海服务业占比远远超过其他省份的特殊性，将北京、上海、广东三个地区的加权平均指标作为领先地区的指标，将其他省份与领先地区指标的差距作为各省份行为方程中的解释变量之一。

对分省份数据进行建模的计量经济学基础是时间序列面板数据模型。在对模型进行设定时需要考虑估计系数的异质性以及变量之间的相关性。CEMS 模型使用中国 30 个省份（西藏、香港、澳门、台湾的数据缺失较多，因此没有使用）1995—2019 年的年度时间序列数据建立宏观时间序列面板模型，所使用的数据具有截面数 N（N = 30）和时间 T（T = 25）都较大的特点。标准面板分析技术一般适用于具有大 N 小 T 特征的微观调查数据，通常不需要考虑系数的异质性问题，并且假设变量和误差项在组间和组内是相互独立的。但是对于 N 和 T 都很大的宏观面板数据，例如截面单位是国家、省份、地区等的时间序列宏观经济变量，同质性和独立性的假设一般都不能满足，通常需要在模型设定和估计时，假设在不同截面单元里系数存在异质性，而且由于每个截面单元，如各个省份通常受到不可观察的共同因子的影响，因此各个省份的解释变量之间、解释变量与误差项之间以及不可观察的共同因子之间都存在相关性，这类相关性所引起的内生性和不可识别性等估计问题需要使用新的估计方法进行处理，从而形成一类专门针对这类宏观时间序列面板模型的分析技术（Pesaran and Smith，1995；Pesaran et al.，1999；Pesaran，2006；Eberdardt and Bond，2009；Chudik and Pesaran，2015）。

CEMS 模型在使用分省份数据对追赶和收敛效应进行分析时，运用 Eberhart 和 Bond（2009）提出的扩展组平均方法（Augmented Mean Group，AMG），AMG 模型的设定为：

$$y_{it} = \beta_i' x_{it} + u_{it}, \quad u_{it} = \alpha_i + \lambda_i' f_t + \varepsilon_{it} \tag{4.1}$$

$$x_{mit} = \pi_{mi} + \delta_{mi}' g_{mt} + \rho_{1mi} f_{1mt} + \cdots + \rho_{nmi} f_{nmt} + v_{mit} \tag{4.2}$$

$$f_t = \rho' f_{t-1} + \varepsilon_t, \quad g_t = \kappa' g_{t-1} + \varepsilon_t \tag{4.3}$$

$$i = 1,2,\cdots,N; \quad t = 1,2,\cdots,T; \quad m = 1,2,\cdots,k$$

这里f_{1mt}，…，f_{nmt}是f_t 的子集。y_{it} 是被解释变量，x_{it} 是一组 k 个观察到的变量，f_t 、g_t 都是因子，共同驱动 x_{it} 、y_{it} 和 u_{it} ，但是有不同的载荷系数，因此 x_{it} 和 u_{it} 有相关性，u_{it} 可以解释为具有时变性的全局冲击，x_{mit} 的结构显示不同截面单元（本研究中是指不同省份）观察到的解释变量有相关性，受到不可观察的共同因子的驱动。这样的设定符合数据的实际情况。

u_{it} 中的共同因子导致各个组的可观察和不可观察部分不是相互独立的，而且由于在 u_{it} 中的共同因子同时驱动 x_{it} 和 y_{it} ，因此导致内生性的问题。在存在内生性和异质性问题时，使用通常处理内生性的 GMM 估计是无法解决识别性问题的（Pesaran and Smith，1995)，因此需要运用新的方法。

AMG 模型估计的主要思想是，分两步进行系数估计，第一步是对差分模型（4.4）进行 OLS 估计：

$$\Delta y_{it} = b' \Delta x_{it} + \sum_{t=2}^{T} c_t \Delta D_t + e_{it} \tag{4.4}$$

其中 D_t 是年度哑变量，定义 $\hat{\mu}_t^* \equiv \hat{c}_t$ 。

第二步是将 $\hat{\mu}_t^*$ 作为一个解释变量加入原来的模型中，在每个截面单元（这里指每个省份）进行以下 OLS 估计：

$$y_{it} = a_i + b_i' x_{it} + c_i t + d_i \hat{u}_t^* + e_{it} \tag{4.5}$$

长期估计系数 $\hat{b}$ 为各个组的估计系数 $\hat{b}_i$ 的加权或者非加权的平均值（张延群，2021）。

二　模型系统的估计方法

首先用分省份数据验证是否存在理论上所假设的追赶效应，如果存在追赶效应，也即实证模型中变量是显著的，而且与理论假设的方向一致，那么在第二阶段我们建立模型系统，对变量之间的相互影响进行分析。在对组成方程系统中的单方程进行估计时，理论模型与第一阶段的面板模型一致，但是采用全国总量数据。在建立单方程模型时充分考虑模型的设定，包括数据的平稳性、长期协整性质、内生性等，尽量避免伪回归和有偏估计。在对模型系统进行估计时，为了克服变量的内生性，运用极大似然估计方法对模型系统进行估计，在给定外生变量后，对系统中的内生变量进行预测。通过样本内预测对模型的预测能力进行检验，对模型长期预测的收敛性进行检验。基于模型系统进行不同的方案模拟分析（scenario analysis）。

第五节　理论模型和实证分析

一　嵌套 CES 生产函数

长期增长分析一般基于 C－D 生产函数（刘伟、陈彦斌，2021；Poncet，2006；Duval and de la Maisonneuve，2010；Wilson et al.，2011）。标准 C－D 生产函数假设规模报酬不变，产出的决定因素为资本存量、劳动投入以及两者的贡献率、全要素生产率。通过将标准 C－D 生产函数进行扩展，将其他重要的生产要素，如能源消费作为一个重要的生产要素引入生产函数，可以反映能源消费对产出的约束。

参照 CEPII 模型的做法，在 CEMS 模型中生产函数的设定采用嵌套 CES 生产函数的形式，以刻画不同要素投入和技术进步对产出的影响。加入新的生产要素后，标准 C－D 生产函数中资本和劳动的替代弹性不再为 1，因此用 CES 生产函数进行设定。将 C－D 生产函数和能源消费部分通过 CES 生产函数相结合，C－D 生产函数部分是资本和劳动力的结合，保留在 C－D 生产函数资本和劳动力替代弹性为 1 的设定。CES 生产函数中 C－D 生产函数部分和能源消费之间的替代弹性小于 1。

嵌套 CES 生产函数的具体设定为（4.6）：

$$Y_t = [(A_t K_t^{\alpha} L_t^{1-\alpha})^{\frac{\sigma-1}{\sigma}} + (B_t E_t)^{\frac{\sigma-1}{\sigma}}]^{\frac{\sigma}{\sigma-1}}, \quad 0 < \alpha < 1,\ 0 < \sigma < 1 \tag{4.6}$$

其中，Y 为实际 GDP；K 为资本存量；L 为劳动力人数；A 为全要素生产率，刻画劳动和资本结合的生产率；E 为能源消费量；B 为能源消费效率；α 为资本和劳动力的替代弹性。

$\rho = (\sigma - 1)/\sigma$ 是能源与资本和劳动力所表示的生产函数之间的替代弹性，利用文献中的数据进行设定，在 CEMS 的基准模型中，设定为 $\sigma = 0.136$，$\rho = (\sigma - 1)/\sigma = -6.353$。

二　投资和固定资本存量

（一）理论模型

在预测固定资本存量时，首先需要对固定资产投资进行预测。在封闭经济中，总固定资产投资等于总储蓄；在开放经济体中，如果存在大量的资本账户赤字或者盈余，固定资产投资并不等于储蓄，但是根据文献研究一般投资与储蓄具有长期协整关系，即固定资产投资从长期看主要由总储蓄决定。

Poncet（2006）将 Masson、Bayoumi 和 Samiei（1998）提出的分析储蓄率的生命周期方法用于构建总储蓄率方程，即一个地区的总储蓄率和人均 GDP 与领先水平地区 GDP 的差距有关，差距越大的地区投资率越高，而且变化是非线性的，需要加入人均收入差距的平方项。同时储蓄率还与人口结构有关。

$$\left(\frac{S}{Y}\right)_{i,t} = \alpha + \beta_1\left(\frac{y_{t-1}^{*}}{y_{i,t-1}}\right) + \beta_2\left(\frac{y_{t-1}^{*}}{y_{i,t-1}}\right)^2 + \beta_3 g_{t-1} + \sum_{k=1}^{K}\varphi_k d_{i,t}^{k} + \sum_{k=1}^{K}\eta_k d_{i,t}^{k} g_{t-1} + \varepsilon_{i,t} \tag{4.7}$$

其中，$d_t^k = \left(\sum_{j=1}^{J} j^k p_j - \frac{1}{J}\sum_{j=1}^{J} j^k\right)$。

CEMS 模型运用式（4.7）的设定对储蓄率（相当于投资率）进行估计。在运用中国分省份数据进行实证分析时，将 S、Y 分别设为总储蓄和 GDP，$y_{i,t-1}$、y_{t-1}^{*} 为滞后一期分省份人均实际 GDP 和滞后一期领先地区人均实际 GDP，g_{t-1} 是滞后一期中国人均 GDP 的增长率，$d_{i,t}^{k}$ 是构造的刻画人口结构变动的指标（Higgins，1998）。其中 J 表示年龄组的分组个数，如将年龄分为 0—6 岁、7—18 岁、19—24 岁、25—60 岁、61 岁及以上，就是 $J = 5$，p_j 表示每个年龄分组人口占总人口的比重。K 是任意可取的整数，假设 $K = 3$。模型（4.7）刻画了追赶效应，人口年龄结构效应对储蓄率的影响。

（二）数据

1. 固定资本存量的测算

全国和分省份固定资本存量没有直接的统计数据，需要进行估算。我们用常用的永续盘存法进行估算。永续盘存法需要得到初始年份的固定资产存量值，一般使用两种方法进行设定，第一种是按照文献中的估算对各个省份基期资本存量进行设定，第二种是假设

2000 年各省份的资本存量是实际 GDP（2000 年不变价）的倍数，通常设定为 3 倍，对基期固定资本存量进行估算。通过设定不同的倍数，检验设定倍数为 3 的合理性。CEMS 模型采用第二种方法，先运用固定资产投资价格指数将各省份每年的固定资本形成（包括存货调整）换算成 2000 年不变价，然后运用式（4.8）计算 2000 年不变价格的固定资本存量。其中 δ 是折旧率，I 和 K 分别为投资和资本存量，按照文献中常用的设定，基准模型中假设折旧率为 0.06。

$$K_t = (1 - \delta) K_{t-1} + I_t \tag{4.8}$$

2. 总储蓄与总投资

一般来说，固定资本投资和存货调整在短期内波动很大，难以预测，是 GDP 需求方中难以估计的一个部分，短期内投资主要被加速效应所驱动，但是从长期看，投资依赖资本存量和实际利息率。

储蓄与投资的关系取决于金融开放，在封闭经济体中，国内投资受到国内储蓄的限制，而完全的资本流动要求国内投资与国内储蓄无关（Feldstein 和 Horioka，1980）。根据文献研究，投资率和储蓄率一般具有长期协整关系，见式（4.9）。

$$\left(\frac{I}{Y}\right)_t = \alpha + \beta_1 \left(\frac{S}{Y}\right)_t + \varepsilon_t \tag{4.9}$$

开放程度越高的国家，β_1 越低；资本流动性越低的国家，β_1 越接近 1。

（三）估计结果

将需求方 GDP 中资本形成（包括存货）占 GDP 的比重定义为投资率。使用北京、上海、广东三个地区的人均 GDP 作为领先地区的人均 GDP 值，如选择不同的领先地区，如将北京、上海、广东、江苏四个地区的均值作为领先地区的值，结果没有明显的差别。

表 4—1是用分省份数据的估计结果，显示出人均 GDP 越高的地区投资率越高，总人口中 15—64 岁人口所占比重越大，即人口年龄结构越年轻，投资率越高，说明老龄化对投资率有显著负向的影响，与生命周期理论一致。这一估计结果与理论模型（4.7）略有差异，但是符合实际数据，并且有较好的预测功能。

表 4—1　　投资率：分省份数据

投资率取对数		LSS	t－检验值
人均实际 GDP 取对数	ryc	1.244**	(2.61)
15—64 岁人口在总人口中的比重	rpB	2.937***	(4.26)
常数项	_cons	－4.209***	(－5.24)
观察值个数	N	422	—

注：**、*** 分别表示 5% 和 1% 的显著水平。

用全国总量数据进行估计的结果如表 4—2 所示。估计系数的符号都符合理论模型中的假设。

表 4—2　　投资率：全国数据

投资率取对数		LSS	t－检验值
投资率取对数，滞后一阶	L. LSS	0.757***	(18.96)
实际人均 GDP 取对数，滞后一阶	L. Ly	0.946***	(4.48)
常数项	_cons	－0.264***	(－6.58)
观察值个数	N	19	—

注：*** 表示 1% 的显著水平。

表 4—3 为领先地区投资率的估计结果，与用全国数据的估计结果类似。

表4—3 投资率：领先地区

领先地区的投资率取对数		LSS_ref	t－检验值
领先地区的投资率取对数，滞后一阶	L. LSS_ref	0.526 **	(3.26)
领先地区的实际人均 GDP 取对数，滞后一阶	L. Ly_ref	0.751 *	(2.83)
常数项	_cons	－0.423 **	(－3.08)
观察值个数	N	19	—

注：*、** 分别表示 10%、5% 的显著水平。领先地区水平是指北京、上海和广东的加权平均值。

三 教育水平

（一）模型理论

人力资本是全要素生产率和劳动参与率等变量的影响因素，因此需要作为内生变量进行建模估计。按照追赶理论，落后地区教育水平会不断向领先地区追赶和靠近，发展趋势是各个地区以教育水平衡量的人力资本水平呈现收敛的状态。根据数据的可得性，我们用人口受教育水平来刻画人力资本水平。首先建立教育水平的行为方程。

图 4—1 为各省份高中及以上、大专及以上人口占 6 岁及以上人口的比重，从中可以看出，中国人口的受教育水平呈现持续上升的走势，北京处于领先地位，各省份存在明显的差异，但呈现追赶和收敛的态势。因此，在对教育水平建立模型时，特别适合使用分省份数据，通过分省份数据体现估计系数的异质性，消除共同因素的影响。

实证分析所运用的计量模型的设定为（4.10）：

$$\ln\left(\frac{h_{i,t}^{l}}{h_{i,t-1}^{l}}\right)=\lambda^{l}\ln\left(\frac{h_{t-1}^{l*}}{h_{i,t-1}^{l}}\right)+\varepsilon_{i,t} \tag{4.10}$$

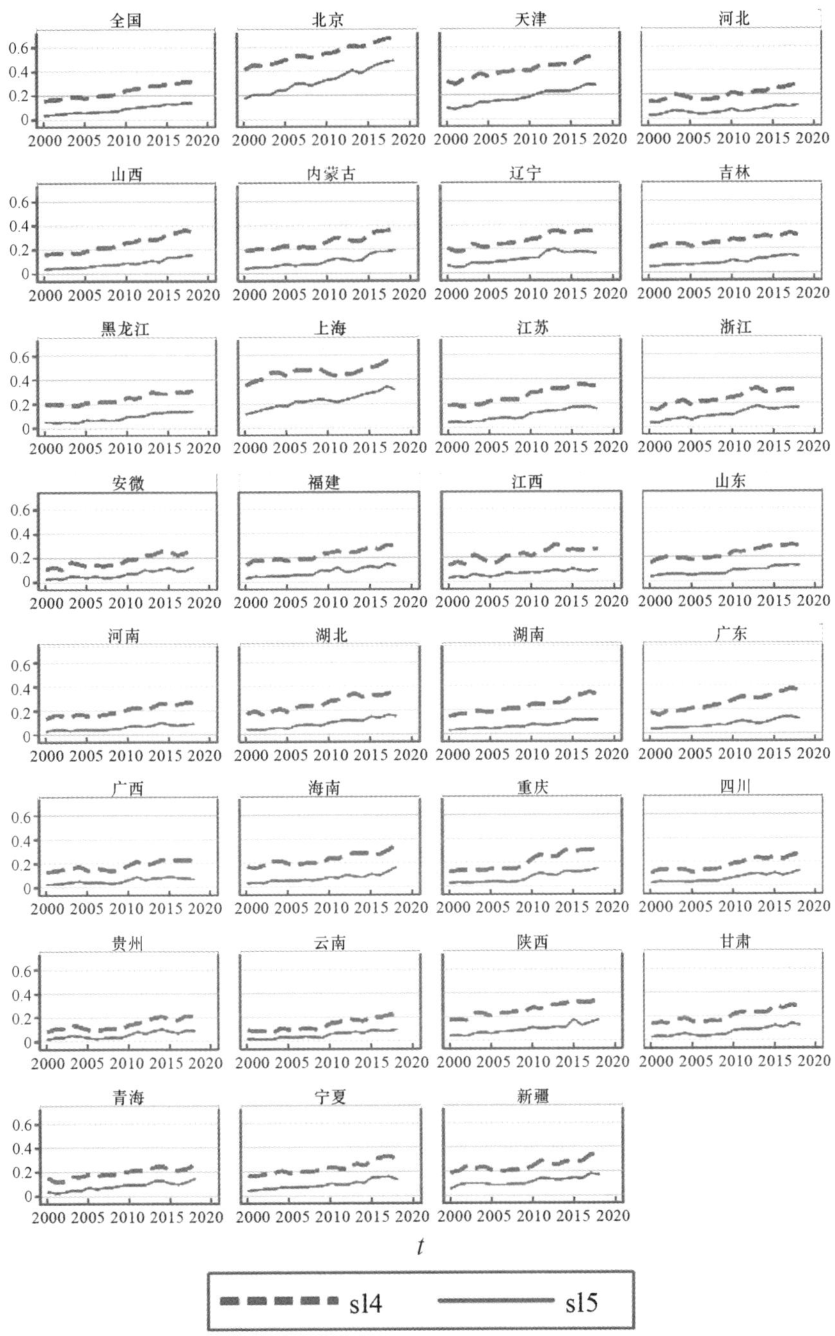

图 4—1　教育水平（sl4 和 sl5 分别为高中及以上和大专及以上学历占 6 岁及以上人口的比重）

这里受数据获得性所限，没有使用15—64岁劳动人口中受教育比重的数据。h^{l*} 表示教育水平领先省份的水平，领先地区设定为北京、上海和广东，使用这三个省份的加权平均值。从单个省份来看，北京的教育水平与其他省份相比大幅领先，但考虑到北京作为首都和科技与教育中心的特殊性，没有单独将北京设定为领先地区。如果存在追赶效应，方程（4.10）中的 $\lambda^l > 0$ 。

在建模时，首先基于分省份数据建立时间序列面板模型，对是否存在追赶效应进行检验，在建立模型系统进行长期预测时，统一使用全国的数据。将领先地区的教育发展水平设定为外生变量，外生给定。

（二）数据说明

中国有很好的全国和分省份、分性别6岁及以上人口的教育统计数据，但是没有15—64岁劳动人口中受教育比重的数据，因此使用6岁及以上人口中各类受教育水平人口的比重近似表示人力资本水平。统计数据中将6岁及以上人口受教育水平分为5类，从低到高分别为不识字、小学、初中、高中、大专及以上，因此可以计算出初中及以上人口、高中及以上人口、大专及以上人口占6岁及以上人口的比重，分别记为h3、h4、h5，对h3、h4、h5分别建模。

（三）估计结果

根据中国实际情况，教育水平不仅受追赶效应影响，而且与人均GDP水平有关，教育水平与领先水平的差距越大，追赶的速度越快，反映出追赶效应和收敛趋势，同时人均GDP水平与领先地区的差距越大，其追赶速度越慢。因此，模型（4.11）中 λ^l 的符号应当为正，β 的符号应当为负。

$$\ln\left(\frac{h_{i,t}^{l}}{h_{i,t-1}^{l}}\right) = \lambda^{l}\ln\left(\frac{h_{t-1}^{l^{*}}}{h_{i,t-1}^{l}}\right) + \beta\ln\left(\frac{y_{t-1}^{*}}{y_{i,t-1}}\right) + \varepsilon_{i,t} \tag{4.11}$$

表 4—4 是基于模型（4.11）运用分省份数据的估计结果，结果表明，在各个层次的教育水平上中国各省份都有很强的追赶效应和收敛趋势。

表 4—4　　　　教育水平：分省份模型

	$gL5=\ln\left(\frac{h_{i,t}^{5}}{h_{i,t-1}^{5}}\right)$ $gL5$：大专及以上人口占比增长率	$gL4=\ln\left(\frac{h_{i,t}^{4}}{h_{i,t-1}^{4}}\right)$ $gL4$：高中及以上人口占比增长率	$gL3=\ln\left(\frac{h_{i,t}^{3}}{h_{i,t-1}^{3}}\right)$ $gL3$：初中及以上人口占比增长率
$LLgapY=\ln\left(\frac{Y_{t-1}^{*}}{Y_{i,t-1}}\right)$ $LLgapY$：领先地区实际人均 GDP 与其他省份水平的比值，取对数，滞后一期	-0.378 *** (-6.14)	-0.623 *** (-8.94)	0.0376 (1.56)
$L5gap=\ln\left(\frac{h_{t-1}^{5*}}{h_{i,t-1}^{5}}\right)$ $L5gap$：领先地区教育与其他省份水平的比值，大专及以上人口，滞后一期	0.731 *** (17.12)		
$L4gap=\ln\left(\frac{h_{t-1}^{4*}}{h_{i,t-1}^{4}}\right)$ $L4gap$：领先地区教育与其他省份水平的比值，取对数，高中及以上人口，滞后一期		0.525 *** (11.20)	
$L3gap=\ln\left(\frac{h_{t-1}^{3*}}{h_{i,t-1}^{3}}\right)$ $L3gap$：领先地区教育与其他省份水平的比值，取对数：初中及以上人口，滞后一期			0.605 *** (14.40)
常数项	-0.0357 (-0.60)	0.00910 (0.20)	-0.101 *** (-6.24)
样本个数	589	589	589

注：*** 表示 1% 的显著水平。领先地区水平是指北京、上海和广东的加权平均值。

表4—5是用全国数据对模型（4.11）进行单方程估计的结果，对初中、高中及大专以上人口教育水平分别进行建模估计，结果符合理论设定。样本外领先地区教育发展水平设定为外生变量，外生给定。

表4—5 **教育水平：全国数据**

	$gL5=\ln\left(\frac{h_{i,t}^5}{h_{i,t-1}^5}\right)$ gL5：大专及以上人口占比增长率	$gL4=\ln\left(\frac{h_{i,t}^4}{h_{i,t-1}^4}\right)$ gL4：高中及以上人口占比增长率	$gL3=\ln\left(\frac{h_{i,t}^3}{h_{i,t-1}^3}\right)$ gL3：初中及以上人口占比增长率
$LLgapY=\ln\left(\frac{Y_{t-1}^*}{Y_{t-1}}\right)$ LLgapY：领先地区人均GDP与其他省份水平的比值，取对数，滞后一期	-0.813 (-2.08)	-0.636** (-2.43)	0.076 (0.81)
$L5gap=\ln\left(\frac{h_{t-1}^{5*}}{h_{t-1}^5}\right)$ L5gap：领先地区教育与其他省份水平的比值，取对数，大专及以上人口，滞后一期	0.588*** (3.32)		
$L4gap=\ln\left(\frac{h_{t-1}^{4*}}{h_{t-1}^4}\right)$ L4gap：领先地区教育与其他省份水平的比值，取对数，高中及以上人口，滞后一期		0.202*** (3.08)	
$L3gap=\ln\left(\frac{h_{t-1}^{3*}}{h_{t-1}^3}\right)$ L3gap：领先地区教育与其他省份水平的比值，取对数，初中及以上人口，滞后一期			0.579*** (3.09)
常数项	0.369 (1.59)	-0.0169 (-0.36)	-0.0511* (-2.30)
样本个数	19	21	21

注：*、**、*** 分别表示10%、5%、1%的显著水平。领先地区水平是指北京、上海和广东的加权平均值。

四　能源消费效率

（一）理论模型

假设企业在其嵌套 CES 生产函数的基础上最大化其利润，求解最大化问题（4.13），推导出能源消费与产出、能源消费效率、能源价格以及替代弹性 σ 之间的关系（4.14），详细的推断可参考 Fouré 等（2012）附录 4。

$$\max(Y - p_E E - p_K K - p_L L) \quad s.t. \quad Y^{\rho} = (AK^{\alpha}L^{1-\alpha})^{\rho} + (BE)^{\rho} \tag{4.13}$$

这里 p_E、p_K、p_L 分别是能源、资本存量以及劳动力相对于产出的实际价格。Y、E、K、L 分别为总产出、能源消费、资本存量以及劳动者人数。

$$E = Y\frac{B^{\sigma-1}}{p_E^{\sigma}}, \quad 这里\ \sigma = \frac{1}{1-\rho} > 0 \tag{4.14}$$

由式（4.14）得到能源消费效率 B 的表达式（4.15）：

$$B = (p_E)^{\frac{\sigma}{\sigma-1}}\left(\frac{E}{Y}\right)^{\frac{1}{\sigma-1}} \tag{4.15}$$

将式（4.15）代入 CES 生产函数（4.6），得到产出的表达式（4.16）：

$$Y = \left[1 - \left(\frac{B}{p_E}\right)^{\sigma-1}\right]^{\frac{\sigma}{1-\sigma}} AK^{\alpha}L^{1-\alpha} \tag{4.16}$$

对式（4.16）进行等式变换，得到全要素生产率 A 的表达式（4.17）：

$$A_t = \frac{[Y_t^{\rho} - (B_t E_t)^{\rho}]^{1/\rho}}{K_t^{\alpha} L_t^{\alpha}} \tag{4.17}$$

实证分析时根据式（4.15）估算各个省份以及全国的能源消费效率 B，根据公式（4.17）估算全要素生产率 A。通过对能源消费效率 B、能源价格 p_E、全要素生产率 A、资本存量 K、劳动者人数 L 进行预测，就可以在式（4.16）下预测出实际产出 Y。其中能源价格设定为外生变量，根据文献中的研究外生给定。

这里将 $\frac{E}{Y}$ 定义为能源强度，按照方程（4.14），能源强度由两个主要因素决定，即 $B^{\sigma-1}$ 和 p_E^{σ}。B 刻画能源消费效率，与能源消费的技术进步有关，其定义为在给定的能源价格时一个单位的能源（如一桶石油）所产出的单位 GDP，而能源与其他生产要素的替代程度取决于能源和其他生产要素的实际价格以及替代弹性。

能源消费效率的理论模型与全要素生产率模型类似，基本思想是向生产率前沿的追赶效应起到主要和正向的作用，同时需要考虑发展状态与向前沿效率追赶的速度的关系，越接近前沿，追赶的速度越慢。经济增长与能源消费效率呈现“U”形关系，低收入地区工业还没有得到充分发展，产业结构中农业所占比重较大，工业比重小，在这一阶段所使用的能源少，表现出有较高的能源消费效率。当发展到工业占主导地位的阶段，工业所消耗的能源高，这一阶段表现出能源消费效率较低，继续发展到产业转型基本完成阶段，第三产业成为主要产业，经济增长中服务业开始占主导地位，由于相对于工业，服务业消费的能源较少，这时能源消费效率又开始上升。因此，能源消费效率与人均 GDP 的关系应当呈现“U”形关系。

估计能源消费效率的计量模型为（4.18）：

$$\Delta \ln B_{i,t} = \mu_0 + \mu_1 \ln(\frac{B_{t-1}^*}{B_{i,t-1}}) + \mu_2 \ln(\frac{Y_{t-1}^*}{Y_{i,t-1}}) + \varepsilon_{it} \quad (4.18)$$

其中，B^* 和 Y^* 分别表示领先地区能源消费效率和领先地区人均 GDP 的水平。根据理论分析，能源消费效率追赶效应前面的符号应当为正，表示与领先地区水平差距越大，追赶的速度越快，而人均 GDP 追赶效应的符号应当为负，表示如果一个地区的人均 GDP 与领先地区的水平相差很大，就需要通过发展工业来实现人均 GDP 的追赶，因此对能源消费效率的作用有负向的影响。领先地区指标仍然选取北京、上海和广东的加权平均值。

（二）数据说明

由于没有能源消费效率的统计数据，因此需要自行估计。用式（4.15）对能源消费效率 B 进行估计：

$$B = (p_E)^{\frac{\sigma}{\sigma-1}} (\frac{E}{Y})^{\frac{1}{\sigma-1}} \quad (4.15)$$

其中，E 是能源消费量，在全国和分省份统计年鉴中有能源消费量的数据，单位是吨标准煤。p_E 是能源价格，使用无烟煤的价格，假设价格在各个省份都是相同的，也可以使用石油价格，实证结果没有显著差异。

图 4—2 和图 4—3 分别为全国以及各省份的能源消费效率，及其增长率。图中显示，能源消费效率呈现上升的趋势，同时不同省份的能源消费效率有很大的差异性，内蒙古、山西等以采矿业为主导产业的省份能源消费效率较低，而北京、上海等以第三产业为主导的地区具有最高的能源消费效率。近些年很多省份的能源消费效率的增长率开始下降。

全国
北京
天津
河北
山西
内蒙古
辽宁
吉林
黑龙江
上海
江苏
浙江
安徽
福建
江西
山东
河南
湖北
湖南
广东
广西
海南
重庆
四川
贵州
云南
陕西
甘肃
青海
宁夏
新疆
4×10⁴
3×10⁴
2×10⁴
10⁴
0
2000 2005 2010 2015 2020

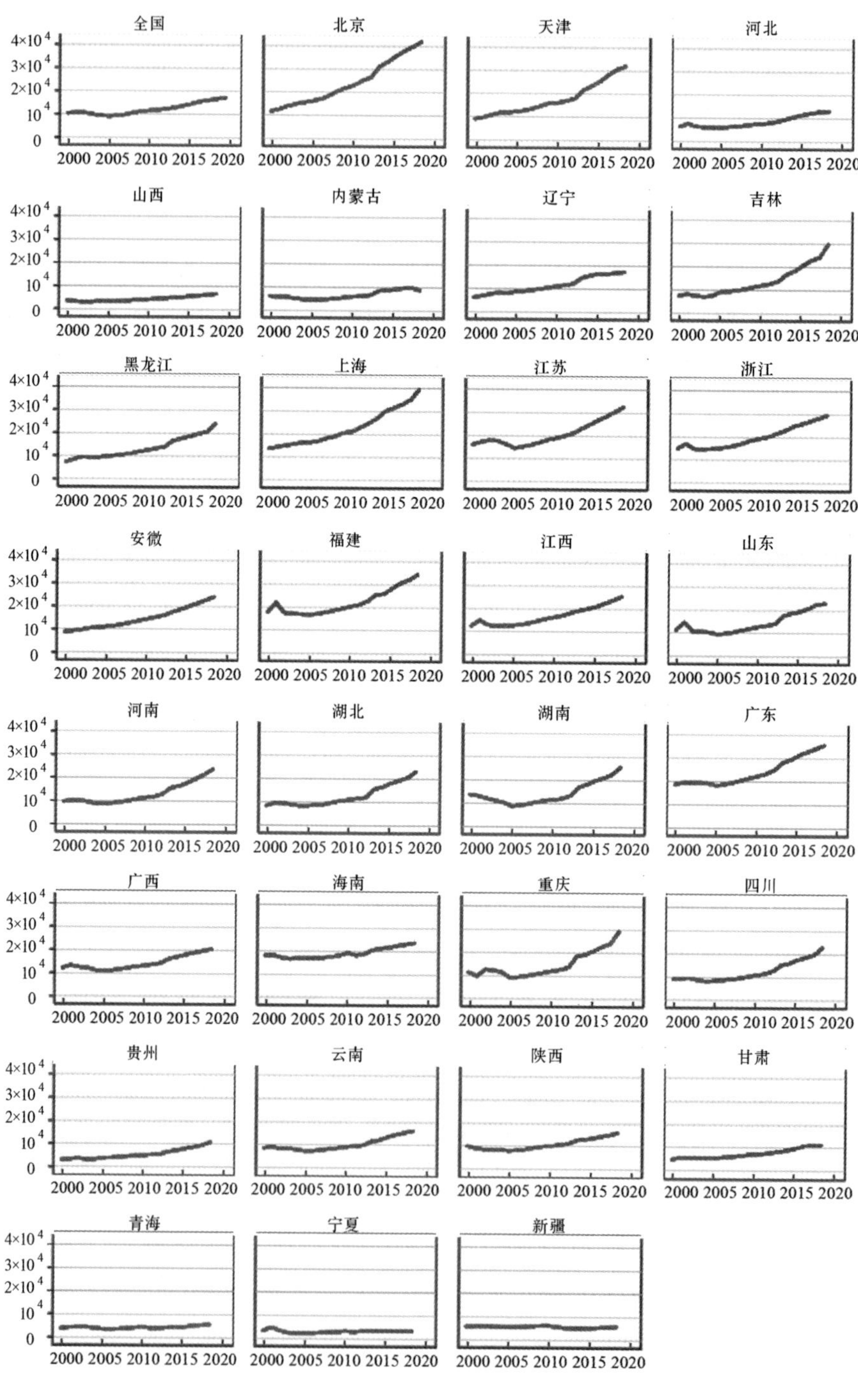

图 4—2　能源消费效率

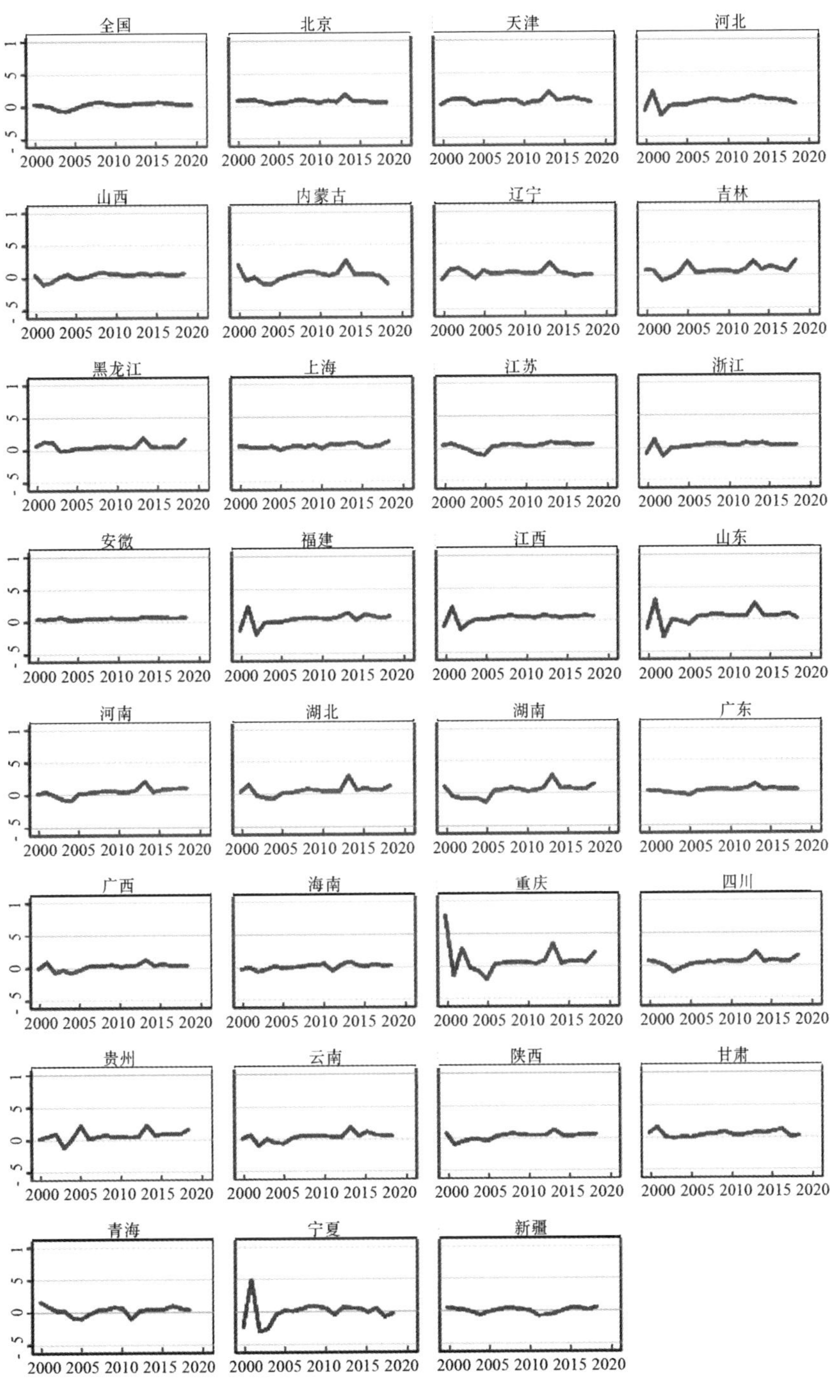

图 4—3　能源消费效率增长率（%）

（三）估计结果

表4—6 为基于式（4.18）用分省份数据进行估计的结果。领先地区能源消费效率与其他地区的比值（滞后一期）的符号为正，说明能源消费效率追赶效应是显著的，而实际人均 GDP 差距的符号为负，说明随着产业结构由工业向第三产业转变后能源消费效率提高，与理论模型的假设一致。

表4—6　　　　能源消费效率：分省份模型

	$DLBB = \Delta \ln B_{i,t}$ $DLBB$：能源消费效率的增长率
$LLgapB = \ln(\frac{B^*_{t-1}}{B_{i,t-1}})$ $LLgapB$：领先地区能源消费效率与其他地区的比值，取对数，滞后一期	0.276*** （7.13）
$LLgapY = \ln(\frac{Y^*_{t-1}}{Y_{i,t-1}})$ $LLgapY$：领先地区实际人均 GDP 与其他地区的比值，取对数，滞后一期	-0.116** （-2.65）
常数项	0.00244 （0.08）
样本个数	570

注：**、*** 分别表示5%和1%的显著水平。领先地区水平是指北京、上海和广东的加权平均值。

用全国数据得到的估计结果系数的符号与理论模型一致（见表4—7），也与分省份数据模型一致，虽然显著性较差。我们在模型中仍然保持这样的设定，因为第一阶段利用分省份数据进行估计能够为第二阶段利用全国总量数据进行估计提供有用信息。领先地区的能源消费效率作为系统的外生变量外生给定。

表 4—7　**能源消费效率：全国模型**

	$DLBB = \Delta\ln B_{i,t}$ $DLBB$：能源消费效率的增长率
$LLgapB = \ln(\frac{B_{t-1}^*}{B_{t-1}})$ $LLgapB$：领先地区能源消费效率与其他地区的比值，取对数，滞后一期	0.128 (1.74)
$LLgapY = \ln(\frac{Y_{t-1}^*}{Y_{t-1}})$ $LLgapY$：领先地区实际人均 GDP 与其他地区的比值，取对数，滞后一期	-0.069 (-0.39)
常数项	-0.0049 (-0.03)
样本个数	20

注：领先地区水平是指北京、上海和广东的加权平均值。

五　全要素生产率

(一) 理论模型

Vandenbussche 等（2006）提出和使用的全要素生产率理论模型（4.19），将决定全要素生产率增长的主要决定因素设定为追赶效应、高等教育水平以及两者的交叉项。高等教育水平与追赶效应的交叉项反映出高等教育对于向技术前沿移动能力的正向影响。理论模型（4.19）中既包括高中教育水平变量，也包含大学教育水平变量，因为根据文献研究，通常高中教育水平在模仿型技术扩散的追赶阶段起到关键性作用，而大学教育水平在创新阶段起到重要作用。因此，在对全要素生产率进行估计时，需要同时考虑高中教育水平和大学教育水平。

$$\Delta \ln A_{i,t} = a_0 + a_1 \ln(\frac{A_{t-1}^*}{A_{i,t-1}}) + a_2 h3_{i,t-1} + a_3 \ln(\frac{A_{t-1}^*}{A_{i,t-1}}) h2_{i,t-1} + \varepsilon_{i,t} \tag{4.19}$$

这里 A 为全要素生产率水平，A^* 为领先省份的全要素生产率水平，$h2$ 和 $h3$ 分别为人口中具有高中但没有大学教育水平和具有大学教育水平所占的比重。

按照理论，如果存在追赶效应，追赶效应变量前面的符号 α_1 应该为正，说明与领先省份差距越大的省份其全要素生产率的增长率越高。$h3$ 前面的符号 α_2 应当为正，表示大学教育水平人口比重提高有利于促进创新和全要素生产率的提高，但是也有可能为负，因为在全要素生产率的前沿阶段，追赶的速度会放慢。高中教育水平人口比重与追赶效应交叉项前面的符号 α_3 应为正，表示更高的高中教育水平有助于提升追赶的效果。

与世界发达国家相比，中国成年人中具有高中或大学教育水平人数所占比例还处于较低水平，但整体追赶的趋势是非常明显的。从中国分省份数据看，不同省份之间成年人口受教育水平也存在较大差异。在使用中国分省份数据进行实证分析时，直接用式（4.19）估计得到的结果有较大偏差，因此使用修改过的理论模型（4.20）进行估计，理论上 β_1 、β_2 的符号均应为正，表示全要素生产率和GDP与前沿水平差距越大，追赶的速度越快。

$$\Delta \ln A_{i,t} = \beta_0 + \beta_1 \ln(\frac{A_{t-1}^*}{A_{i,t-1}}) + \beta_2 \ln(\frac{Y_{t-1}^*}{Y_{i,t-1}}) + \varepsilon_{i,t} \tag{4.20}$$

（二）数据说明

首先用以上推导出的式（4.17）对全要素生产率 A 进行计算：

$$A_{i,t} = \frac{[Y_{i,t}^{\rho} - (B_{i,t}E_{i,t})^{\rho}]^{1/\rho}}{K_{i,t}^{\alpha}L_{i,t}^{\alpha}} \tag{4.17}$$

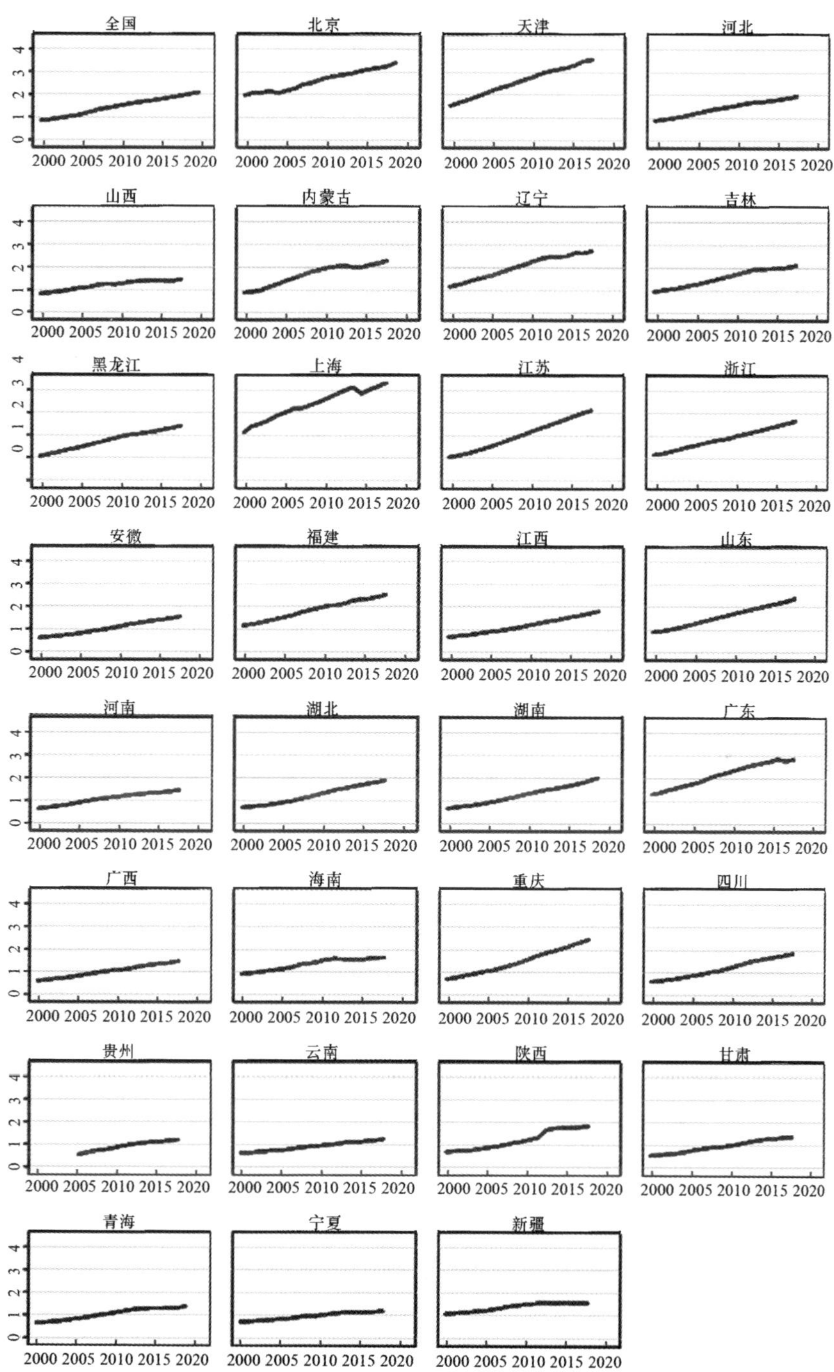

图4—4　全要素生产率

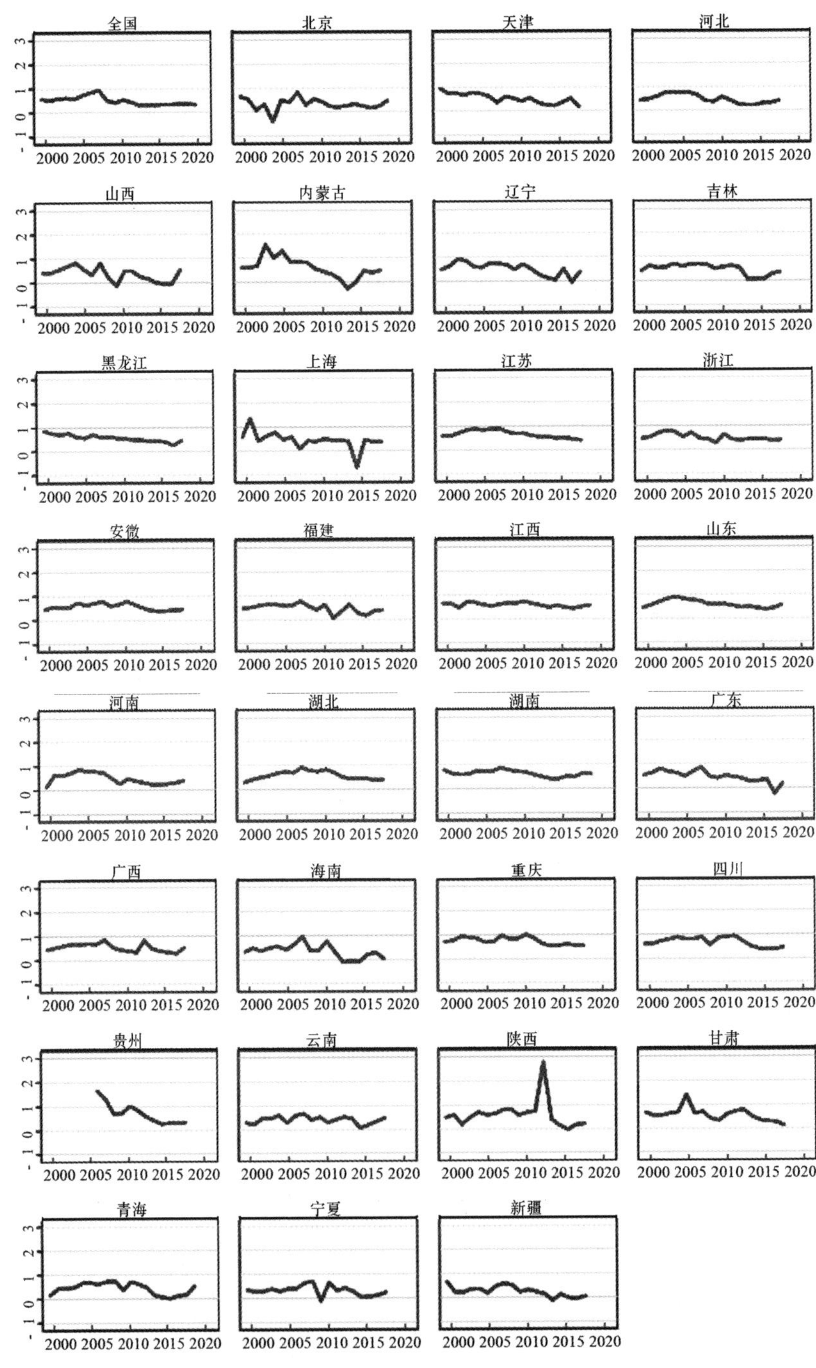

图4—5　全要素生产率增长率（%）

在得到各省份以及全国实际 GDP、能源消费 E 、能源价格 p_E 、资本存量 K 、劳动者人数 L 的数据，并且对其中的参数 α 、ρ 进行设定后，就可以进行计算得到全国和分省份的全要素生产率 A 。图 4—4 显示，各省份全要素生产率一直呈现上升趋势，但 2012 年之后在很多省份其增长率开始下降，特别是在经济较发达的省份，如北京和上海。这样的走势与实际情况基本相符，在一定程度上说明以式（4.17）计算的全要素生产率水平具有合理性。

（三）估计结果

分省份模型的估计结果见表 4—8。在全要素生产率变化率方程中，表示全要素生产率差距项和人均 GDP 差距项的符号均为正，说明全要素生产率和人均 GDP 与前沿水平差距越大的省份有越强的追赶效应，符合经济学原理和模型（4.20）的假设。用全国数据进行估计，结果见表 4—9，除显著性略差，结果与分省份模型相似。在模型系统求解时，还需要得到领先地区的全要素生产率的预测值，在 CEMS 模型中将其设定为外生变量，外生给定。

表 4—8　　全要素生产率：分省份模型

	$DLAA = \Delta\ln A_{i,t}$ $DLAA$：全要素生产率的增长率
$LLgapA = \ln(\frac{A^*_{t-1}}{A_{i,t-1}})$ $LLgapA$：领先地区全要素生产率的增长率与其他地区的比值，取对数，滞后一期	0.105 ** (2.84)
$LLgapY = \ln(\frac{Y^*_{t-1}}{Y_{i,t-1}})$ $LLgapY$：领先地区实际人均 GDP 与其他地区的比值，取对数，滞后一期	0.074 * (2.39)

续表

	$DLAA = \Delta \ln A_{i,t}$ $DLAA$：全要素生产率的增长率
常数项	−0.062** (−2.68)
样本个数	528

注：*、** 分别表示 10%、5% 的显著水平。领先地区水平是指北京、上海和广东的加权平均值。

表 4—9　　全要素生产率：全国模型

	$DLAA = \Delta \ln A_{i,t}$ $DLAA$：全要素生产率的增长率
$LLgapA = \ln(\frac{A_{t-1}^{*}}{A_{t-1}})$ $LLgapA$：领先地区全要素生产率的增长率与其他地区的比值，取对数，滞后一期	0.157 (1.89)
$LLgapY = \ln(\frac{Y_{t-1}^{*}}{Y_{t-1}})$ $LLgapY$：领先地区实际人均 GDP 与其他地区的比值，取对数，滞后一期	0.060 (1.88)
常数项	−0.067 (−1.69)
样本个数	19

注：领先地区水平是指北京、上海和广东的加权平均值。

六　劳动力和劳动参与率

（一）理论模型

在 CEPII 模型中，在对劳动参与率进行建模时，模型的设定为：

$$l_{i,t} = l_{i,t}^{low} + \frac{l_{i,t}^{high} - l_{i,t}^{low}}{1 + e^{\alpha_{i,t}+\beta_{i,t}t}} \tag{4.21}$$

其中，l_i 为分省份劳动参与率，l_i^{low} 为分省份劳动参与率中最低省份的数字，l_i^{high} 为分省份劳动参与率中最高的省份的数字，α_i、β_i 为模型中需要估计的系数。这个模型反映了追赶和趋同的效应，是国际劳动组织（ILO）预测劳动参与率时所使用的方法。

（二）数据

劳动力的预测取决于人口数量和年龄结构的变化，以及劳动参与率的变化。在数据条件满足的情况下，由于通常男性和女性在劳动参与率方面存在较大的差异，最好将两者的劳动参与率分别进行预测。虽然劳动参与率是一个有关劳动力供给的非常重要的指标，但中国还没有发布正式的统计，需要自行估算。我们用总就业人数占 15—64 岁人口数的比重来近似刻画劳动参与率，由于用于计算劳动参与率的数据可得的样本期较短，计算得到的劳动参与率的样本为 2004—2019 年。从分省份数据看，大多数省份呈现上升趋势，有些省份如北京等，在 2011 年以前呈现下降趋势，2011 年之后出现上升。分省份劳动参与率差别不大。由于样本长度较短，且不同省份的劳动参与率差别不大，在对劳动参与率的模型进行估计时，用简单的自回归模型（4.22）进行估计，后续如能取得更好的数据，再按照模型（4.21）进行估计。

$$r_{i,t} = \beta_0 + \beta_1 r_{i,t-1} + \varepsilon_{i,t} \tag{4.22}$$

其中，r 为劳动参与率，模型中假设领先地区的劳动参与率与全国相同。

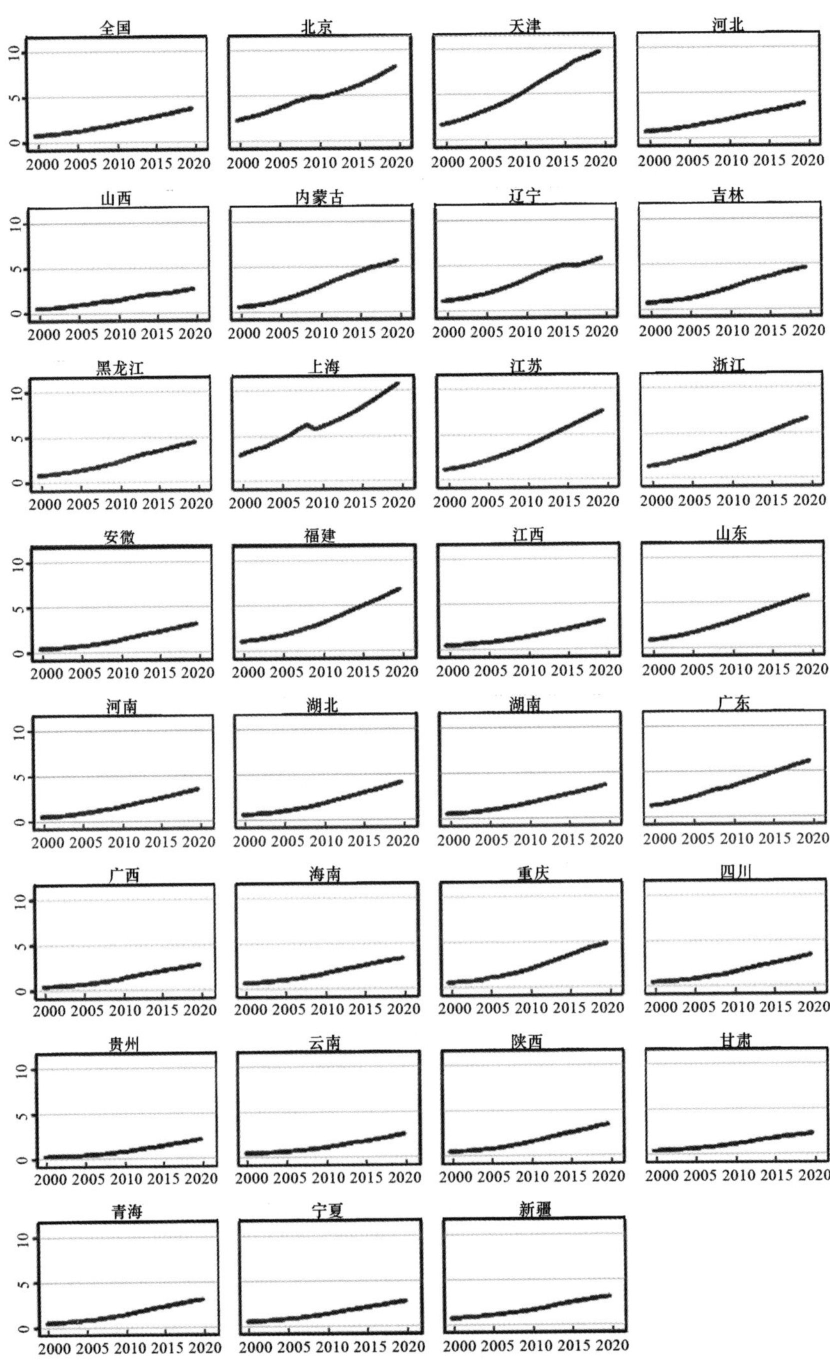

图 4—6　人均实际 GDP（2000 年不变价）

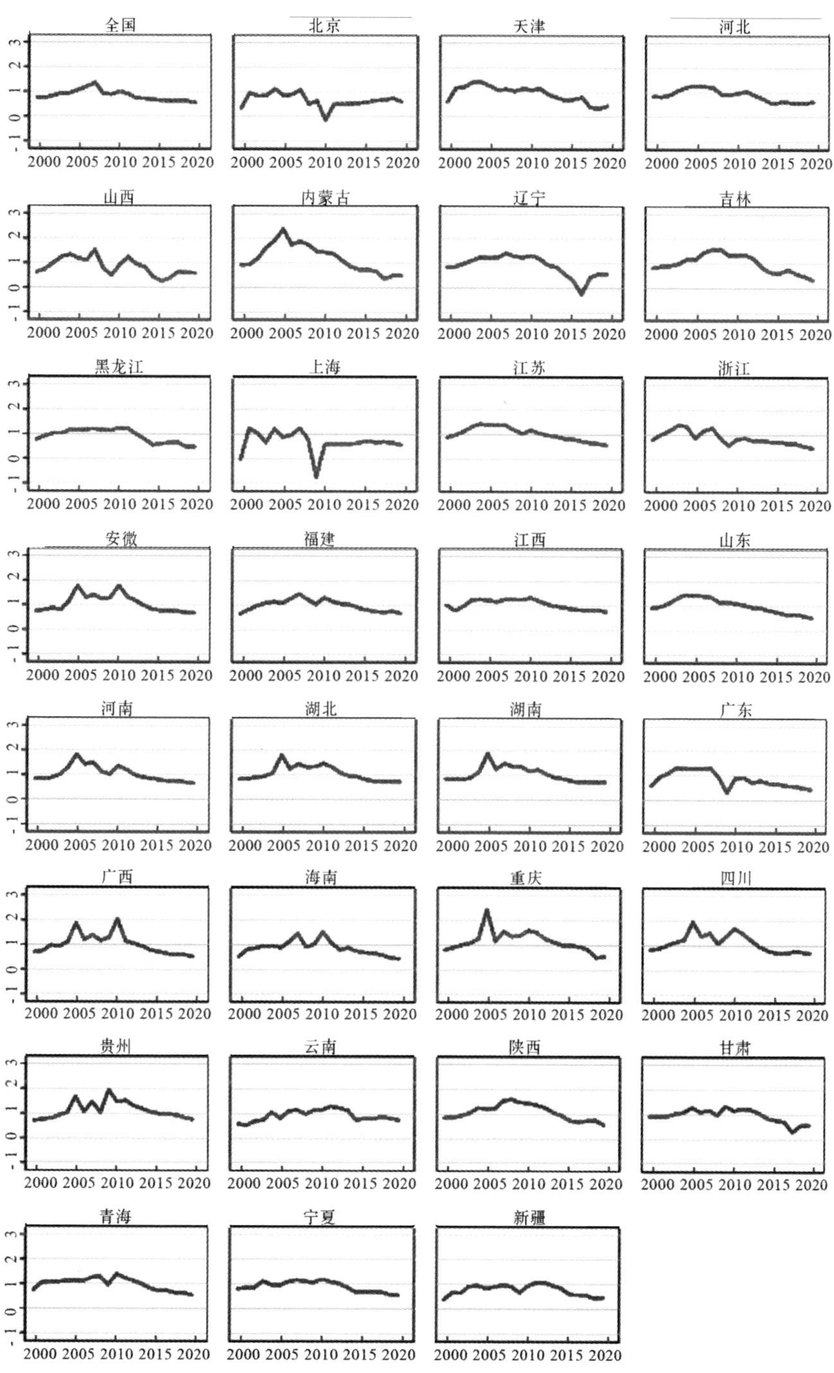

图 4—7　实际人均 GDP 增长率（%）

（三）估计结果

表 4—10　　劳动参与率：分省份模型

	$rlp = r_{i,t}$ rlp：劳动参与率
$lrlp = r_{i,t-1}$ $lrlp$：劳动参与率，滞后一期	0.689*** (12.76)
常数项	0.256*** (5.70)
样本个数	402

注：*** 表示 1% 的显著水平。

表 4—11　　劳动参与率：全国模型

	$rlp = r_{i,t}$ rlp：劳动参与率
$lrlp = r_{i,t-1}$ $lrlp$：劳动参与率，滞后一期	0.860*** (12.17)
常数项	0.110* (1.98)
观察值个数	22

注：*、*** 分别表示 10% 和 1% 的显著水平。

第六节　模型系统的构建、预测、情景分析

一　模型系统的构建

（一）行为方程和恒等式

为了构建完备的模型系统，达到能够进行预测和政策分析的目

的，对于内生变量，除了构建如本章第五节中的行为方程外，还需要通过恒等式刻画变量之间的恒等关系。如第三章关于宏观经济结构模型理论中的解释，宏观经济结构模型中的恒等式一般包括两种类型，第一类是刻画变量之间的核算恒等式，如 GDP 等于消费、资本形成和净出口之和；第二类是刻画变量之间的技术恒等关系，如名义 GDP 等于实际 GDP 除以 GDP 平减指数。在 CEMS 模型中，共包括 8 个行为方程、33 个恒等式，所有恒等式和变量说明见表 4—12。

表 4—12　　模型中的等式

等式	等式中的变量	变量的解释
$L5gap = \log[sL5\_ref(-1)/sL5(-1)]$	$L5gap$	大专及以上教育人口比重与领先水平的差距
	$sL5\_ref$	领先地区大专及以上教育人口比重
	$sL5$	大专及以上教育人口比重
$L4gap = \log[sL4\_ref(-1)/sL4(-1)]$	$L4gap$	高中及以上教育人口比重与领先水平的差距
	$sL4\_ref$	领先地区高中及以上教育人口比重
	$sL4$	高中及以上教育人口的比重
$gL5 = \log[sL5/sL5(-1)]$	$gL5$	大专及以上教育人口比重的增长率
	$sL5$	大专及以上教育人口比重
$gL4 = \log[sL4/sL4(-1)]$	$gL4$	高中及以上教育人口比重的增长率
	$sL4$	高中及以上教育人口比重
$emp = rlp * rpB * pop$	emp	从业人员总数
	rlp	劳动参与率
	rpB	15—64 岁的劳动人口占总人口的比重
	pop	人口数

续表

等式	等式中的变量	变量的解释
$emp\_ref = rlp * rpB * pop\_ref$	emp_ref	领先地区从业人员总数
	rlp	劳动参与率
	rpB	15—64 岁的劳动人口占总人口的比重
	pop_ref	领先地区人口数
$KK = KK(-1) * 0.94 + rcap$	KK	固定资本存量，2000 年不变价
	$rcap$	资本形成，2000 年不变价
$KK\_ref = KK\_ref(-1) * 0.94 + rcap\_ref$	KK_ref	领先地区固定资本存量
	$rcap\_ref$	领先地区资本形成，2000 年不变价
$rcap = exp(LSS) * rgdp$	$rcap$	资本形成，2000 年不变价
	LSS	投资率，取对数
	$rgdp$	实际 GDP，2000 年不变价
$rcap\_ref = exp(LSS\_ref) * rgdp\_ref$	$rcap\_ref$	领先地区资本形成，2000 年不变价
	LSS_ref	领先地区投资率，取对数
	$rgdp\_ref$	领先地区实际 GDP，2000 年不变价
$yc = rgdp/pop$	yc	实际人均 *GDP*，2000 年不变价
	$rgdp$	实际 *GDP*，2000 年不变价
	pop	人口数
$yc\_ref = rgdp\_ref/pop\_ref$	yc_ref	领先地区实际人均 GDP，2000 年不变价
	$rgdp\_ref$	领先地区实际 GDP，2000 年不变价
	pop_ref	领先地区人口数

续表

等式	等式中的变量	变量的解释
$LgapY = \log(yc\_ref/yc)$	*LgapY*	领先地区实际人均 GDP 与全国实际人均 GDP 的比值，取对数
	yc_ref	领先地区实际人均 GDP，2000 年不变价
	yc	全国实际人均 GDP，2000 年不变价
$BB = exp(DLBB) * BB(-1)$	*BB*	能源消费效率
	DLBB	能源消费效率增长率
$AA = exp(DLAA) * AA(-1)$	*AA*	全要素生产率
	DLAA	全要素生产率增长率
$rgdp = ([1 - (BB/pco)\hat{}(0.136 - 1)]\hat{}(1/6.353) * [AA * (KK\hat{}0.35) * (emp)\hat{}0.65]$	*rgdp*	实际 GDP，2000 年不变价
	AA	全要素生产率
	BB	能源消费效率
	KK	资本存量，2000 年不变价
	emp	从业人员数
	pro	能源价格
$rgdp\_ref = [(1 - (BB\_ref/pco)\hat{}(0.136 - 1))\hat{}(1/6.353)] * (AA\_ref * KK\_ref\hat{}0.35) * [(emp\_ref)\hat{}0.65]$	*rgdp_ref*	领先地区实际 GDP，2000 年不变价
	AA_ref	领先地区全要素生产率
	BB_ref	领先地区能源效率
	KK_ref	领先地区资本存量，2000 年不变价
	emp_ref	领先地区从业人员数
	pro	能源价格

注：1. 第（1）列中变量后面中的（-1）表示滞后 1 阶。2. 原始数据来源为万得数据库（Wind）、历年《中国教育统计年鉴》、《中国能源统计年鉴》。

（二）外生变量设定的说明

在进行样本外预测时，还需要对模型中的外生变量进行设定。在 CEMS 模型中，有 7 个外生变量，即人口增长率、15—64 岁劳动人口占总人口的比重、能源价格上涨率、领先地区全要素生产率、领先地区能源消费效率、领先地区高中及以上人口所占比重、领先地区大专及以上人口所占比重。这些外生变量或者根据文献中的预测进行设定，或者选择最可能出现的情形作为基准方案中的设定，在方案模拟时对外生变量做不同设定时的情形进行分析。在基准模型中对外生变量的设定见表 4—13。

表 4—13　　基准模型中外生变量的设定

变量名称	变量的解释	外生变量的设定
pop	全国人口数	*pop*：2018 年之后每年增长 0.4%
BB_ref	领先地区能源消费效率	*BB_ref*：2018—2025 年每年增长 4%；2026—2035 年每年增长 3%；2036 年之后每年增长 2%
AA_ref	领先地区全要素生产率	*AA_ref*：2018—2030 年每年增长 3%；2031—2040 年每年增长 2.5%；2041 年之后每年增长 2%
rpB	15—64 岁的劳动人口占总人口的比重	*rpB*：2018—2035 年每年下降 0.005；2036 年之后每年下降 0.003
sl5_ref	领先地区大专及以上人口所占比重	*sl5_ref*：2018—2030 年每年增加 0.01；2031—2040 年每年增加 0.005；2041 年之后保持不变
sl4_ref	领先地区高中及以上人口所占比重	*sl4_ref*：2018 年之后每年增加 0.001
pco	能源价格	*pco*：2018 年之后每年增长 5%

二　基准方案和不同方案下主要经济指标预测：2022—2050

基于CEMS模型，在给定外生变量的设定下，对构建的CEMS模型进行动态模拟，求解模型时使用有限信息极大似然法（LIML），尽量克服变量的内生性问题。基准方案下所得到的主要内生变量的预测值见表4—14至表4—18。表4—19是情景分析1（方案1）的预测结果，以及与基准模型预测结果的比较。方案1假设领先地区全要素生产率比基准方案的假设有所下降时，实际GDP预测值的变化。表4—20是情景分析2（方案2）的预测结果，以及与基准模型预测结果的比较。方案2假设领先地区能源消费效率比基准方案的假设有所上升时，实际GDP预测值的变化。

表4—14　　主要经济变量的预测值：2022—2050　　单位:%

年份	全国实际GDP增长率	领先地区实际GDP增长率	实际人均GDP增长率	领先地区实际人均GDP增长率
2022	5.00	7.75	4.59	7.32
2023	5.37	7.76	4.95	7.33
2024	5.74	7.75	5.32	7.32
2025	6.09	7.73	5.66	7.30
2026	6.38	6.62	5.96	6.20
2027	6.46	6.51	6.04	6.09
2028	6.45	6.43	6.03	6.00
2029	6.40	6.36	5.98	5.93
2030	6.33	6.30	5.91	5.87
2031	6.25	5.18	5.83	4.76
2032	5.91	5.06	5.49	4.64
2033	5.61	4.96	5.19	4.54

续表

年份	全国实际 GDP 增长率	领先地区实际 GDP 增长率	实际人均 GDP 增长率	领先地区实际人均 GDP 增长率
2034	5.35	4.88	4.93	4.47
2035	5.14	4.82	4.72	4.40
2036	5.19	4.98	4.77	4.56
2037	5.06	4.94	4.64	4.52
2038	4.95	4.91	4.54	4.49
2039	4.87	4.88	4.45	4.46
2040	4.81	4.85	4.39	4.43
2041	4.75	3.76	4.34	3.35
2042	4.46	3.67	4.04	3.25
2043	4.20	3.60	3.78	3.18
2044	3.97	3.54	3.56	3.12
2045	3.78	3.48	3.37	3.07
2046	3.63	3.44	3.21	3.03
2047	3.50	3.40	3.09	2.99
2048	3.40	3.36	2.99	2.95
2049	3.33	3.33	2.91	2.92
2050	3.26	3.30	2.85	2.89

表 4—15　　主要经济变量的预测值：2022—2050（续 1）

年份	全国实际 GDP（2000 年不变价，千亿元）	领先地区实际 GDP（2000 年不变价，千亿元）	全国实际人均 GDP（2000 年不变价，万元）	领先实际人均 GDP（2000 年不变价，万元）
2022	587.67	137.45	4.14	8.49
2023	619.21	148.12	4.35	9.12
2024	654.76	159.61	4.58	9.79
2025	694.61	171.95	4.84	10.50
2026	738.96	183.33	5.13	11.15

续表

年份	全国实际GDP（2000年不变价，千亿元）	领先地区实际GDP（2000年不变价，千亿元）	全国实际人均GDP（2000年不变价，万元）	领先实际人均GDP（2000年不变价，万元）
2027	786.73	195.27	5.44	11.83
2028	837.50	207.82	5.77	12.54
2029	891.10	221.02	6.11	13.28
2030	947.50	234.94	6.47	14.06
2031	1006.75	247.10	6.85	14.73
2032	1066.30	259.59	7.23	15.42
2033	1126.15	272.47	7.60	16.12
2034	1186.45	285.77	7.98	16.84
2035	1247.40	299.54	8.35	17.58
2036	1312.10	314.45	8.75	18.38
2037	1378.45	329.99	9.16	19.21
2038	1446.74	346.19	9.57	20.07
2039	1517.22	363.07	10.00	20.97
2040	1590.14	380.66	10.44	21.90
2041	1665.74	394.97	10.89	22.63
2042	1740.05	409.46	11.33	23.36
2043	1813.08	424.18	11.76	24.11
2044	1885.07	439.18	12.18	24.86
2045	1956.35	454.48	12.59	25.62
2046	2027.32	470.12	12.99	26.40
2047	2098.34	486.10	13.39	27.19
2048	2169.78	502.45	13.79	27.99
2049	2241.94	519.17	14.20	28.81
2050	2315.10	536.29	14.60	29.64

表 4—16　　主要经济变量的预测值：2022—2050（续 2）　　单位:%

年份	全要素劳动生产增长率	能源消费增长率	高中及以上人口所占比重	大专及以上人口所占比重
2022	3.57	4.91	0.34	0.24
2023	3.93	4.60	0.34	0.25
2024	4.28	4.36	0.35	0.26
2025	4.57	4.18	0.35	0.27
2026	4.80	4.04	0.36	0.28
2027	4.81	3.89	0.36	0.29
2028	4.74	3.78	0.37	0.30
2029	4.64	3.68	0.37	0.31
2030	4.54	3.59	0.38	0.32
2031	4.45	3.52	0.38	0.33
2032	4.11	3.53	0.38	0.33
2033	3.84	3.52	0.39	0.34
2034	3.63	3.49	0.39	0.34
2035	3.46	3.46	0.39	0.35
2036	3.34	3.43	0.40	0.35
2037	3.25	3.26	0.40	0.36
2038	3.18	3.10	0.40	0.36
2039	3.14	2.96	0.40	0.37
2040	3.10	2.84	0.41	0.37
2041	3.08	2.73	0.41	0.37
2042	2.83	2.70	0.41	0.37
2043	2.62	2.67	0.41	0.37
2044	2.45	2.62	0.42	0.37
2045	2.32	2.57	0.42	0.37
2046	2.22	2.52	0.42	0.37
2047	2.16	2.46	0.42	0.37

续表

年份	全要素劳动生产率	能源消费增长率	高中以上人口所占比重	大专以上人口所占比重
2048	2. 11	2. 41	0. 43	0. 37
2049	2. 08	2. 36	0. 43	0. 37
2050	2. 06	2. 31	0. 43	0. 37

表 4—17　　主要经济变量的预测值：2022—2050（续 3）　　单位:%

年份	全国实际资本存量增长率	领先地区实际资本存量增长率	全国实际资本形成增长率	领先地区实际资本形成增长率
2022	4. 61	8. 31	3. 76	9. 36
2023	4. 61	8. 36	4. 66	8. 65
2024	4. 71	8. 34	5. 55	8. 22
2025	4. 87	8. 29	6. 30	7. 97
2026	5. 08	8. 08	6. 87	6. 73
2027	5. 29	7. 78	7. 12	5. 74
2028	5. 48	7. 54	7. 02	5. 94
2029	5. 63	7. 35	6. 82	6. 03
2030	5. 73	7. 20	6. 60	6. 07
2031	5. 81	6. 93	6. 39	5. 02
2032	5. 82	6. 59	5. 94	4. 14
2033	5. 76	6. 33	5. 32	4. 39
2034	5. 66	6. 12	4. 85	4. 51
2035	5. 54	5. 94	4. 51	4. 56
2036	5. 42	5. 81	4. 51	4. 79
2037	5. 33	5. 72	4. 59	4. 97
2038	5. 24	5. 63	4. 48	4. 90
2039	5. 15	5. 54	4. 42	4. 84
2040	5. 07	5. 46	4. 38	4. 80
2041	5. 00	5. 27	4. 37	3. 72

续表

年份	全国实际资本存量增长率	领先地区实际资本存量增长率	全国实际资本形成增长率	领先地区实际资本形成增长率
2042	4.91	5.01	4.12	2.84
2043	4.78	4.81	3.67	3.09
2044	4.63	4.64	3.32	3.22
2045	4.47	4.50	3.08	3.27
2046	4.31	4.38	2.92	3.29
2047	4.17	4.27	2.82	3.29
2048	4.03	4.18	2.77	3.27
2049	3.91	4.09	2.75	3.25
2050	3.80	4.00	2.76	3.23

表4—18　主要经济变量的预测值：2022—2050（续4）

年份	全国资本存量（2000年不变价，千亿元）	领先资本存量（2000年不变价，千亿元）	全国投资率	领先地区投资率
2022	2436.60	471.94	0.42	0.45
2023	2549.01	511.39	0.42	0.46
2024	2669.02	554.04	0.42	0.46
2025	2799.02	599.97	0.42	0.46
2026	2941.17	648.48	0.42	0.46
2027	3096.87	698.93	0.42	0.46
2028	3266.55	751.66	0.42	0.46
2029	3450.31	806.94	0.43	0.45
2030	3648.10	865.00	0.43	0.45
2031	3859.87	924.92	0.43	0.45
2032	4084.55	985.87	0.43	0.45
2033	4320.00	1048.28	0.43	0.45
2034	4564.63	1112.43	0.42	0.44

续表

年份	全国资本存量（2000 年不变价，千亿元）	领先资本存量（2000 年不变价，千亿元）	全国投资率	领先地区投资率
2035	4817.31	1178.53	0.42	0.44
2036	5078.56	1247.03	0.42	0.44
2037	5349.40	1318.33	0.42	0.44
2038	5629.77	1392.51	0.42	0.44
2039	5919.87	1469.66	0.41	0.44
2040	6220.08	1549.91	0.41	0.44
2041	6530.94	1631.60	0.41	0.44
2042	6851.35	1713.34	0.41	0.44
2043	7178.67	1795.73	0.41	0.44
2044	7510.87	1879.13	0.40	0.44
2045	7846.63	1963.78	0.40	0.43
2046	8185.21	2049.85	0.40	0.43
2047	8526.31	2137.45	0.40	0.43
2048	8870.03	2226.69	0.39	0.43
2049	9216.68	2317.66	0.39	0.43
2050	9566.76	2410.43	0.39	0.43

表 4—19　情景分析 1（方案 1）：假设领先地区全要素生产率增长率有所下降

单位:%

年份	基准模型中全国实际 GDP 增长率	方案 1 中全国实际 GDP 增长率	基准模型与方案 1 全国实际 GDP 增长率的差	基准模型中领先地区全要素生产率增长率的假设	方案 1 中领先地区全要素生产率增长率的假设
2023	5.37	4.63	0.74	5.00	4.00
2024	5.74	4.83	0.91	5.00	4.00
2025	6.09	5.04	1.05	5.00	4.00

续表

年份	基准模型中全国实际 GDP 增长率	方案 1 中全国实际 GDP 增长率	基准模型与方案 1 全国实际 GDP 增长率的差	基准模型中领先地区全要素生产率增长率的假设	方案 1 中领先地区全要素生产率增长率的假设
2026	6. 38	5. 23	1. 15	4. 00	3. 00
2027	6. 46	5. 22	1. 24	4. 00	3. 00
2028	6. 45	5. 14	1. 31	4. 00	3. 00
2029	6. 40	5. 03	1. 37	4. 00	3. 00
2030	6. 33	4. 92	1. 41	4. 00	3. 00
2031	6. 25	4. 82	1. 43	3. 00	3. 00
2032	5. 91	4. 63	1. 29	3. 00	3. 00
2033	5. 61	4. 52	1. 09	3. 00	3. 00
2034	5. 35	4. 46	0. 89	3. 00	3. 00
2035	5. 14	4. 42	0. 72	3. 00	3. 00
2036	5. 19	4. 62	0. 57	3. 00	3. 00
2037	5. 06	4. 61	0. 45	3. 00	3. 00
2038	4. 95	4. 61	0. 34	3. 00	3. 00
2039	4. 87	4. 60	0. 27	3. 00	3. 00
2040	4. 81	4. 60	0. 21	3. 00	3. 00
2041	4. 75	4. 59	0. 16	2. 00	2. 00
2042	4. 46	4. 33	0. 13	2. 00	2. 00
2043	4. 20	4. 10	0. 10	2. 00	2. 00
2044	3. 97	3. 89	0. 08	2. 00	2. 00
2045	3. 78	3. 72	0. 06	2. 00	2. 00
2046	3. 63	3. 57	0. 06	2. 00	2. 00
2047	3. 50	3. 46	0. 04	2. 00	2. 00
2048	3. 40	3. 37	0. 03	2. 00	2. 00
2049	3. 33	3. 29	0. 04	2. 00	2. 00
2050	3. 26	3. 23	0. 03	2. 00	2. 00

表 4—20　　情景分析 2（方案 2）：假设领先地区能源消费效率有所上升

单位：%

年份	基准模型中全国实际 GDP 增长率	方案 2 中全国实际 GDP 增长率	基准模型与方案 2 全国实际 GDP 增长率的差	基准模型中领先地区能源消费效率增长率的假设	方案 2 中领先地区能源消费效率增长率的假设
2022	5.00	5.01	-0.01	4.00	5.00
2023	5.37	5.37	0.00	4.00	5.00
2024	5.74	5.75	-0.01	4.00	5.00
2025	6.09	6.10	-0.01	4.00	5.00
2026	6.38	6.40	-0.02	3.00	4.00
2027	6.46	6.48	-0.02	3.00	4.00
2028	6.45	6.47	-0.02	3.00	4.00
2029	6.40	6.42	-0.02	3.00	4.00
2030	6.33	6.35	-0.02	3.00	4.00
2031	6.25	6.27	-0.02	3.00	4.00
2032	5.91	5.93	-0.02	3.00	4.00
2033	5.61	5.63	-0.02	3.00	4.00
2034	5.35	5.37	-0.02	3.00	4.00
2035	5.14	5.16	-0.02	3.00	4.00
2036	5.19	5.21	-0.02	2.00	3.00
2037	5.06	5.08	-0.02	2.00	3.00
2038	4.95	4.98	-0.03	2.00	3.00
2039	4.87	4.89	-0.02	2.00	3.00
2040	4.81	4.83	-0.02	2.00	3.00
2041	4.75	4.78	-0.03	2.00	3.00
2042	4.46	4.49	-0.03	2.00	3.00
2043	4.20	4.22	-0.02	2.00	3.00
2044	3.97	4.00	-0.03	2.00	3.00
2045	3.78	3.81	-0.03	2.00	3.00
2046	3.63	3.66	-0.03	2.00	3.00

续表

年份	基准模型中全国实际 GDP 增长率	方案 2 中全国实际 GDP 增长率	基准模型与方案 2 全国实际 GDP 增长率的差	基准模型中领先地区能源消费效率增长率的假设	方案 2 中领先地区能源消费效率增长率的假设
2047	3.50	3.53	-0.03	2.00	3.00
2048	3.40	3.44	-0.04	2.00	3.00
2049	3.33	3.36	-0.03	2.00	3.00
2050	3.26	3.30	-0.04	2.00	3.00

注：表中高中及以上和大专及以上人口所占比重，以及投资率的数字是定义本身表示的数值，没有单位。

三　对预测结果的分析

本章建立的以供给为导向的 CEMS 模型强调了领先地区的引领作用、其他地区的追赶效应以及全国各个区域的收敛趋势，因此领先地区的经济发展水平以及决定其发展水平的主要因素如全要素生产率、投资和劳动供给增长率，对全国经济增长起到关键作用。全国全要素生产率、投资和资本存量水平、能源消费效率等都设定为内生变量，体现出系统中变量之间的相互影响。在对领先地区的全要素生产率和能源消费效率设定外生假定时，考虑其与世界前沿水平逐渐接近和收敛的事实。

从基准模型的预测结果表 4—14 看，在 2022—2027 年即预测的前几年领先地区的实际 GDP 增长率继续高于其他省份以及全国增长水平，主要影响因素在于领先地区的高储蓄导致的高投资率，以及全要素生产率和能源消费效率继续处于领先水平。从 2028 年开始，由于追赶和收敛效应，全国实际 GDP 增长速度开始超过领先地区，差距缩小，实际人均 GDP 增长率也有相同的走势。领先地区实际人均 GDP 值与全国的比值从最高值的 2022 年的 2.05 上升倒 2027 年的 2.17，然后持续下降到 2050 年的 2.03。

从增长的趋势看，从2026年开始直到2050年中国实际GDP增长率有下降的趋势，与领先地区实际GDP增长率的下降趋势有很大的关系，而影响领先地区实际GDP增长水平的主要因素是领先地区的全要素生产率的增长率，领先地区能源消费效率增长率的取值是外生设定的，在基准模型中假设是缓慢下降的，做出这一假设主要是由于领先地区的全要素生产率和能源消费效率的增长率目前已经出现下降的趋势，而且未来随着与世界前沿水平的差距逐渐缩小，增长率呈现下降趋势是很有可能出现的情形。

在情景模拟的方案1中假设领先地区的全要素生产率增长率在预测初期与基准方案相比有1个百分点的下降，其对全国实际GDP的增长有较大的负面影响。在情形分析的方案2中假设领先地区的能源消费效率增长率比基准方案提高1个百分点，在这个假设下全国实际GDP增长率只有小幅的提高。

这里只给出两个情景分析方案下实际GDP增长率的变化结果，在实际应用时可以在模型的框架下进行更多的情景模拟的方案设计，并观察实际GDP增长率之外的所有内生变量的变化情况，通过这种方法可以对模型设定的合理性进行检验，并在此基础上对相关的政策效应进行分析。

第五章

中国宏观经济年度模型（CAMM模型）的构建和应用

第一节　CAMM模型简介

一　CAMM模型的特点和创新点

本章尝试构建一种新型的CAMM模型，主要参考Fair（2018）所开发的美国大型宏观经济模型的构架和模型设定。与已经开发的中国大型宏观经济年度模型相比，CAMM模型在以下几个方面进行了拓展和创新。

第一，目前所建立的中国大型宏观经济模型一般仅仅基于NIPA数据，没有充分利用FFA数据中的丰富信息，因此不能称为是标准的大型宏观经济模型。出现这种情况的一个原因是之前缺乏足够时间序列长度的FFA数据。随着中国FFA时序数据的逐年增加，目前可用的FFA年度数据为1992—2016年，已经构成了较长的时间序列数据，今后每年还会继续增加，因此有必要将过去仅仅基于NIPA数据的模型扩展到将NIPA数据和FFA数据相结合，以充分挖掘两类数据中所包含的信息。本章所构建的CAMM模型的一个特点就是将NIPA数据与FFA数据相结合，利用两类数据的关系，在模型中增加了大量的行为方程和恒等式，以刻画变量之间的相互关系。在将 NIPA 数据和 FFA 数据相结合的基础上开发出来的 CAMM 模型，可以用来进行更加丰富的政策分析，如分析改变税率结构、转移支付支出以及政府支出等政策对宏观经济的影响。

第二，居民财富变量是标准大型宏观经济模型中的一个重要变量，其对消费、投资、经济增长等经济变量都会产生重要影响。较早开发的大型宏观经济模型一般都没有考虑财富变量的影响，因此损失了大量的信息，其中的主要原因是中国居民财富的积累以及对经济产生的影响是伴随着改革开放、经济高速增长、房地产市场建立等逐渐增加的，目前居民积累的财富存量已经成为在建模时所不可忽视的一个重要变量。近些年国内外学者对中国财富存量数据进行了估计，形成了可以利用的较长时间序列数据，如《中国国家资产负债表 2018》（以及 2015 和 2013）（李杨等，2018、2015、2013）对 2000—2016 年的中国国家资产负债表以及各部门资产负债表进行了完整的编制。Piketty 等（2019）对中国 1978—2015 年的收入分配和财富累积存量进行了估计。这些有关中国居民和政府财富存量的时间序列数据为 CAMM 模型纳入财富变量的影响提供了数据基础。在 CAMM 模型中，财富变量在居民消费和投资等行为方程中起到重要的作用。

第三，投资是中国改革开放以来拉动经济增长的最重要的因素。但是随着中国经济开始从高速发展向中速和高质量发展的新常态转变，目前在许多领域，特别是传统工业领域普遍存在投资过剩的现象。投资从过去短缺经济时期受投资能力约束向由总需求和生产效率决定的方式转变。为了体现中国经济目前和未来发展的新特点，CAMM 模型特别强调需求的约束，将投资水平设定为由投资需求和生产效率所决定。

二　CAMM 模型的结构

图 5—1 是 CAMM 模型的结构示意图。按照国民经济收入账户的

结构，结合国民经济各部门的划分，将模型分解为九大模块，即消费、投资、国外贸易、劳动就业、生产、工资和劳动报酬、价格、政府部门、金融。按照 FFA 的分类，首先分为国内部门和国外部门；其次从部门的角度，将国内部门分为非金融企业、金融、政府、住户部门。

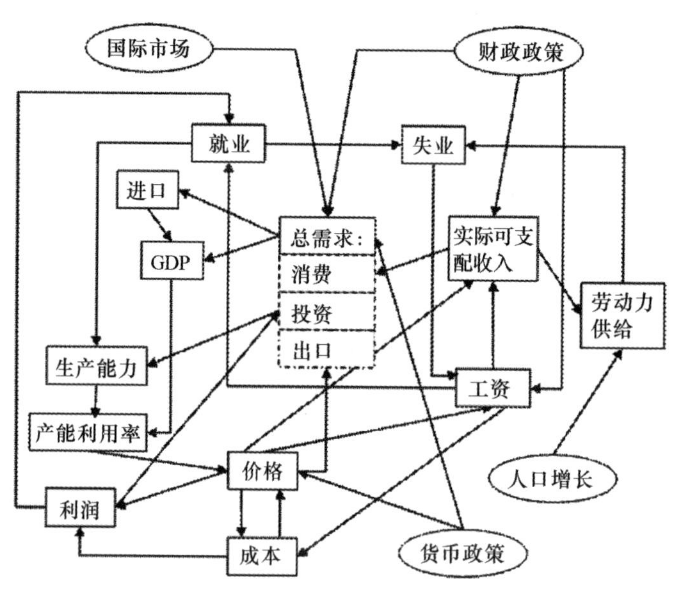

图 5—1 CAMM 模型结构图示

CAMM 模型运用 1992—2016 年度的数据，受数据样本长度所限，行为方程的规模适中，由于结合了 FFA 中的数据，恒等式的数量较大，共有 18 个行为方程、75 个恒等式。内生变量为 93 个，外生变量为 55 个。

行为方程的模型设定形式为 ECM 模型，即方程（5.1）。在 ECM 模型设定形式下，变量之间的长期均衡关系、短期动态和调整系数可以分别得到识别。长期均衡关系的设定由经济学理论来决定，短期动态和调整系数由数据进行估计（Juselius，2016）。

$$\Delta y_t = c + \sum_{i=1}^{k_1} a_i \Delta y_{t-i} + \sum_{i=0}^{k_2} b_i \Delta x_{t-i} - \alpha(y_{t-1} + \sum \beta_i x_{t-1}) + \varepsilon_t \quad (5.1)$$

单方程的估计方法采用 OLS，由于数据的样本期较短，因此没有选择比较复杂的考虑到内生性处理的 2SLS 法，或者更加复杂的估计方法。模型估计之后，进行了样本外预测和情景分析，具体结果见本章后面的内容。

第二节　CAMM 模型中的行为方程和恒等式

本节对九大模块中主要行为随机方程进行解释，模型设定主要参考 Fair（2018），并根据实际数据的情况进行适当修正。数据来源主要为万得数据库（Wind），个别指标为笔者自行计算。内生变量的定义在表 5—1 中说明，外生变量的定义以及在基准模型中的设定在表 5—2 中说明。行为方程估计系数下方括号中的数字为估计系数的 t－检验值。方程中的符号 D 表示差分，即 $D(x_t) = x_t - x_{t-1}$。$x(-i) = x_{t-i}, i = 1,2,\cdots$。基本上所有的宏观经济变量都是带有趋势的一阶单整非平稳变量，一阶差分后变成平稳变量。行为方程中非平稳变量水平值之间的关系可解释为变量之间的长期协整关系。单方程使用 OLS 估计，估计后对估计系数的显著性、稳定性以及长期协整关系中系数符号和大小的合理性进行检验，并通过检验误差项的正态性、自相关性和异方差性等对模型设定进行检验。为了更好的可读性，本章对行为方程的介绍仅展示方程的设定、变量的定义、估计的结果、系数显著性检验、拟合度和 DW 值，略去单位根检验和模型设定检验的结果。

表 5—1 **内生变量的定义**

变量名	行为方程（EQ）或等式（ID）	定义	现价（N）或 2000 年不变价（R）	单位
*a*01	ID	住户部门劳动者报酬	N	亿元
*b*01	ID	政府生产税收入	N	亿元
*bm*01	ID	政府的总税收	N	亿元
capt	ID	资本形成总额（包括库存调整）	N	亿元
*capt*01	ID	资本形成总额（不包括库存调整）	N	亿元
*capt*01*r*	ID	资本形成总额（不包括库存调整）	R	亿元
*capt*02	ID	资本形成总额中的库存调整	N	亿元
*capt*02*r*	ID	资本形成总额中的库存调整	R	亿元
capthr	ID	住房资本形成总额	R	亿元
captkr	ID	非住房资本形成总额	R	亿元
captr	ID	资本形成总额（包括库存调整）	R	亿元
cg	ID	政府消费	N	亿元
ch	ID	居民消费	N	亿元
chr	EQ01	居民消费	R	亿元
ctr	EQ10	劳动者人均劳动者报酬方程	R	亿元
emp	EQ06	就业总数		万人
*emp*23	ID	第二、第三产业就业总数		万人
exc	EQ05	商品出口总额，人民币	N	亿元
excr	ID	商品出口总额，人民币	R	亿元
*gama*03	ID	政府部门增加值占全部增加值的比例		
gdp	ID	国内生产总值	N	亿元

续表

变量名	行为方程（EQ）或等式（ID）	定义	现价（N）或2000年不变价（R）	单位
gdpc	ID	国内生产总值	R	亿元
gni	ID	国民总收入	N	亿元
gnic	ID	国民总收入	R	亿元
imc	EQ04	商品进口总额，人民币	N	亿元
imcr	ID	商品进口总额，人民币	R	亿元
ingr	ID	政府部门可支配收入	R	亿元
inhr	ID	居民部门可支配收入	R	亿元
*j*00	ID	国内初次分配总收入	N	亿元
*j*01	ID	公司部门初次分配总收入	N	亿元
*j*02	ID	金融部门初次分配总收入	N	亿元
*j*03	ID	政府部门初次分配总收入	N	亿元
*j*04	ID	住户部门初次分配总收入	N	亿元
*ja*11	ID	国外部门的净劳动报酬收入	N	亿元
*jk*01	ID	企业部门除去收入税的其他转移支出	N	亿元
*jk*02	ID	金融部门除去收入税的其他转移支出	N	亿元
*jk*03	ID	政府部门除去收入税的其他转移支出	N	亿元
*jk*04	ID	住户部门除去收入税的其他转移支出	N	亿元
*kk*01	ID	企业部门净经常转移支出（除去收入税收入）	N	亿元
*kk*02	ID	金融部门净经常转移支出（除去收入税收入）	N	亿元
*kk*03	ID	政府部门净经常转移支出（除去收入税收入）	N	亿元
*kk*04	ID	住户部门净经常转移支出（除去收入税收入）	N	亿元
*kk*1	EQ02	非房产的资本存量	R	亿元
*kk*2	EQ03	房产资本存量	R	亿元
kkmin	ID	资本存量的最低产出效率		
*m*01	ID	政府部门收入税收入	N	亿元
*m*1	EQ16	货币供给 M1	N	亿元

续表

变量名	行为方程（EQ）或等式（ID）	定义	现价（N）或2000年不变价（R）	单位
*m*2	EQ17	货币供给 M2	N	亿元
nexc	ID	商品净出口，人民币	N	亿元
nexcr	ID	商品净出口，人民币	R	亿元
pcap	EQ12	资本形成价格指数	2000年=100	
pcpi	EQ11	消费价格指数	2000年=100	
pex	EQ15	出口价格指数	2000年=100	
pgdp	EQ13	GDP 平减指数	2000年=100	
pim	EQ14	进口价格指数	2000年=100	
prod	ID	劳动生产率		
*prod*1	ID	第一产业劳动生产率		
*prod*23	ID	第二、第三产业劳动生产率		
*s*01	ID	企业部门可支配收入	N	亿元
*s*02	ID	金融部门可支配收入	N	亿元
*s*03	ID	政府部门可支配收入	N	亿元
*s*04	ID	住户部门可支配收入	N	亿元
*t*00	ID	总储蓄（包括国内和国外）	N	亿元
*t*01	ID	企业部门总储蓄	N	亿元
*t*02	ID	金融部门总储蓄	N	亿元
*t*03	ID	政府部门总储蓄	N	亿元
*t*04	ID	住户部门总储蓄	N	亿元
*t*05	ID	国内总储蓄	N	亿元
*v*01	ID	企业部门增加值	N	亿元
*v*02	ID	金融部门增加值	N	亿元
*v*03	ID	政府部门增加值	N	亿元
*v*04	ID	住户部门增加值	N	亿元
*v*05	ID	全部增加值	N	亿元

续表

变量名	行为方程（EQ）或等式（ID）	定义	现价（N）或2000年不变价（R）	单位
*vac*2	EQ07	第二产业增加值	R	亿元
*vac*23	ID	第二、第三产业增加值	R	亿元
*wage*1	EQ08	城镇单位职工年平均工资：第一产业	N	亿元
wahr	EQ18	居民金融财富	R	亿元
whr	ID	居民总财富	R	亿元
wkhr	ID	居民非金融财富	R	亿元
*wr*23	EQ09	城镇单位职工年平均工资：第二、第三产业	R	元
y	ID	国内生产总值，生产方	R	亿元
*ya*01	ID	企业部门支付的劳动报酬	N	亿元
*ya*02	ID	金融部门支付的劳动报酬	N	亿元
*ya*03	ID	政府部门支付的劳动报酬	N	亿元
*ya*04	ID	住户部门支付的劳动报酬	N	亿元
*yd*01	ID	企业部门支付的生产税	N	亿元
*yd*02	ID	金融部门支付的生产税	N	亿元
*yd*03	ID	政府部门支付的生产税	N	亿元
*yd*04	ID	住户部门支付的生产税	N	亿元
*yk*01	ID	企业部门支付的收入税	N	亿元
*yk*02	ID	金融部门支付的收入税	N	亿元
*yk*03	ID	住户部门支付的收入税	N	亿元
*yp*00	ID	总消费支出	N	亿元
*yp*01	ID	政府部门消费支出	N	亿元
*yp*02	ID	住户部门消费支出	N	亿元
ysr	ID	国内生产总值，支出方	R	亿元
*yt*00	ID	资本形成总额	N	亿元
*yt*01	ID	公司部门资本形成总额	N	亿元

续表

变量名	行为方程（EQ）或等式（ID）	定义	现价（N）或2000年不变价（R）	单位
*yt*02	ID	金融部门资本形成总额	N	亿元
*yt*03	ID	政府部门资本形成总额	N	亿元
*yt*04	ID	住户部门资本形成总额	N	亿元
*yx*04	ID	住户部门净金融投资	N	亿元

表5—2　　外生变量的定义以及在基准模型中的设定

变量名	设置值	定义
*a*03	2017—2025：*a*03 = *a*03(－1)	国外部门的劳动报酬收入，现价
*alpha*01	2017—2025：*alpha*01 = *alpha*01(－1)	劳动者报酬占增加值的比例：企业部门
*alpha*02	2017—2025：*alpha*02 = *alpha*02(－1)	劳动者报酬占增加值的比例：金融部门
*alpha*03	2017—2025：*alpha*03 = *alpha*03(－1)	劳动者报酬占增加值的比例：政府部门
*beta*01	2017—2025：*beta*01 = *beta*01(－1)	生产税税率：企业部门
*beta*02	2017—2025：*beta*02 = *beta*02(－1)	生产税税率：金融部门
*beta*03	2017—2025：*beta*03 = *beta*03(－1)	生产税税率：政府部门
*beta*04	2017—2025：*beta*04 = *beta*04(－1)	生产税税率：住户部门
cgr	2017—2025：*cgr* = *cgr*(－1)＊(1＋0.06－! *i*＊0.0005)	政府实际支出，2000年不变价，自2017年起增长率从6%每年下降0.05个百分点
*emp*1	2018—2025：*emp*1 = *emp*1(－1)＊(1－0.02)	第一产业就业人数

续表

变量名	设置值	定义
ex05r	2019—2025:*ex05r* = *ex05r*(−1)*(1+0.03)	国际进出口总额，人民币，2000年不变价
gama01	2017—2025:*gama01* = *gama01*(−1)	增加值占全部增加值的比例：企业部门
gama02	2017—2025:*gama02* = *gama02*(−1)	增加值占全部增加值的比例：金融部门
gama04	2017—2025:*gama04* = *gama04*(−1)	增加值占全部增加值的比例：住户部门
k01	2017—2025:*k01* = *k01*(−1)*(1+0.265)	总转移收入，现价：企业部门
k02	2017—2025:*k02* = *k02*(−1)*(1+0.12)	总转移收入，现价：金融部门
k03	2017—2025:*k03* = *k03*(−1)*(1+0.078)	总转移收入，现价：政府部门
k04	2017—2025:*k04* = *k04*(−1)*(1+0.10)	总转移收入，现价：住户部门
kapa01	2017—2025:*kapa01* = *kapa01*(−1)	部门资本形成额占资本形成总额的比例：企业部门
kapa02	2017—2025:*kapa02* = *kapa02*(−1)	部门资本形成额占资本形成总额的比例：金融部门
kapa03	2017—2025:*kapa03* = *kapa03*(−1)	部门资本形成额占资本形成总额的比例：政府部门
lamda01	2017—2025：*lamda01* = 1	*Lamda01* = *v05/gdp*，*v05*、GDP 分别是 FFA 和 NIPA 中的 GDP
lamda03	2017—2025：*lamda03* = 1	*lamda03* = *yp01/cg*，*yp01*、*cg* 分别是 FFA 和 NIPA 中的政府消费
lamda04	2017—2025：*lamda04* = 1	*lamda04* = *yp02/ch*，*yp02*、*ch* 分别是 FFA 和 NIPA 中的居民消费

续表

变量名	设置值	定义
*lamda*05	2017—2025：*lamda*05 = 1	*lamda*05 = *yt*00/*capt*，*yt*00、*capt* 分别是 FFA 和 NIPA 中的资本形成总额
muh	2017—2017：*muh* = *muh*(−1) ∗ (1 −0.024) 2018—2025：*muh* = *muh*(−1)	单位非房产资本存量的产出
nexsr	2017—2025：*nexsr* = *nexsr*(−1) ∗ 1.08	服务净出口，人民币，2000 年不变价
*nw*01	由 2 阶自回归方程预测得到	企业部门净财产收入，现价
*nw*02	由 2 阶自回归方程预测得到	金融部门净财产收入，现价
*nw*03	由 2 阶自回归方程预测得到	政府部门净财产收入，现价
*nw*04	由 2 阶自回归方程预测得到	住户部门净财产收入，现价
*j*11	2017—2025：*j*11 = *j*11(−1)	国外部门的初次分配总收入，现价
*pai*01	2018—2018：*pai*01 = 0.03 2019—2019：*pai*01 = 0.015 2020—2020：*pai*01 = 0.025 2021—2022：*pai*01 = 0.02 2023—2025：*pai*01 = 0.01	资本形成总额中库存变动与非库存资本形成额的比值
*pai*02	2018—2018：*pai*02 = 0.867 2019—2025：*pai*02 = *pai*02(−1)	*pai*02 = *GDPC*/*ysr*，度量 *GDPC* 与 *ysr* 的统计误差
*pai*03	2017—2025：*pai*03 = *pai*03(−1)	*pai*03 = *y*/*ysr*，度量 *y* 与 *ysr* 的统计误差
poil	2019—2025：*poil* = *poil*(−1)	国际原油价格
pop	2019—2025：*pop* = *pop*(−1) ∗ (1 +0.004)	人口数
ratel	2017—2025：*ratel* = *ratel*(−1)	长期利率（3 年期贷款利率）
rates	2017—2025：*rates* = *rates*(−1)	短期利率（1 年期存款利率）
rateu	2017—2025：*rateu* = *rateu*(−1) +0.01	城镇化率

续表

变量名	设置值	定义
*t*06	2017—2025：*t*06 = *t*06（ −1）	国外部门的总储蓄，现价
*theta*01	2017—2025：*theta*01 = *theta*01（ −1）	收入税税率：企业部门
*theta*02	2017—2025：*theta*02 = *theta*02（ −1）	收入税税率：金融部门
*theta*03	2017—2025：*theta*03 = *theta*03（ −1）	收入税税率：住户部门
*ya*05	2017—2025：*ya*05 = *ya*05（ −1）	国外部门的劳动报酬支出，现价
*yeta*01	2017—2018：*yeta*01 = *yeta*01（ −1）*（1 −0.05） 2019—2025：*yeta*01 = *yeta*01（ −1）*（1 −0.025）	住户财富与房产资本存量（名义值）的比值
*yj*01	2017—2025：*yj*01 = *yj*01（ −1）*（1 +0.0618）	总转移支出，现价：企业部门
*yj*02	2017—2025：*yj*02 = *yj*02（ −1）*（1 +0.080）	总转移支出，现价：金融部门
*yj*03	2017—2025：*yj*03 = *yj*03（ −1）*（1 +0.098）	总转移支出，现价：政府部门
*yj*04	2017—2025：*yj*04 = *yj*04（ −1）*（1 +0.0878）	总转移支出，现价：住户部门
*yw*02	2017—2025：*yw*02 = *yw*02（ −1）	住户部门非金融资产减处置

一　消费

居民（或 FFA 中的住户部门，下文中将两者看作是同一个概念）消费是这一模块中的关键行为方程。在 Fair（2018）的美国大型宏观经济模型中，因为各类消费函数具有不同的特征，基于可获得的数据，将美国居民消费分为非住房消费和住房消费，将居民的非住房消费进一步分解为服务、耐用品、非耐用品消费。在数据允许的情况下，为了更好地刻画不同类型消费函数的特征，一般在模型中对不同类型的消费进行细分。根据中国目前可得到的相关数据，还不能将消费进行细分，在模型中只对居民消费整体进行建模，未来随着更多统计数据的获得，可考虑按照消费类型的不同将消费进一步细分建模。

居民人均消费方程中的主要解释变量为人均可支配收入、人均所拥有的财富水平以及价格水平。这里实际可支配收入的数据是FFA中住户部门的名义可支配收入经过消费价格指数（CPI）进行平减得到的。住户部门名义可支配收入由住户部门的劳动者报酬总额、个人所得税税率、净转移支付水平通过恒等式计算得到，在模型中是由FFA中的变量构成的一个恒等式。因此，居民人均消费与人均劳动者报酬、人均个人所得税、净转移支付水平、人均财富水平以及通胀水平等因素有关，这些变量决定着居民人均消费的长期趋势和短期波动。居民总消费是NIPA中支出方GDP的主要构成因素之一，通过这样的设定将NIPA和FFA中的数据相结合，可以分析个人所得税率变动，或者净转移支付变动对居民消费的影响等问题，也是本章所构建的CAMM模型的特点之一。

居民部门的实际财富变量定义为实际金融财富和实际非金融财富之和，后者与居民的住房投资和存量有很强的相关性。财富存量数据来源为Piketty等（2019）。

居民人均消费方程（Eq01）

$$
\begin{aligned}
D[(\log(chr/pop)] = {} & \underset{(3.32)}{1.11} - \underset{(-2.83)}{0.27} D\{\log[whr(-1)/pop(-1)]\} \\
& - \underset{(-6.00)}{0.54} \log[chr(-1)/pop(-1)] \\
& + \underset{(2.93)}{0.24} \log[inhr(-1)/pop(-1)] \\
& + \underset{(4.53)}{0.22} \log[whr(-1)/pop(-1)] \\
R^2 = 0.67 \qquad DW = 2.31 & \qquad\qquad (5.2)
\end{aligned}
$$

其中，*chr* 为居民消费，2000 年不变价；*whr* 为居民财富存量，2000 年不变价；*inhr* 为居民可支配收入，2000 年不变价；*pop* 为人口数。

为了构建 GDP 支出方的总消费，还需要政府消费的数据，在 CAMM 模型中将政府消费设定为政策性外生变量。

二　投资

投资模块中的两个主要行为方程分别是非住房和住房的资本存量水平。由于非住房投资和住房投资受到不同因素的影响，有不同的行为模式，因此分别构建两类投资的行为方程。需要注意的是，在投资模块中，我们按照投资效率和总需求估计资本存量，而不是直接对投资进行解释，住房和非住房的投资水平（即 GDP 支出方的资本形成）由资本存量水平的年度差额通过恒等式计算得到。这样的设定主要参考了 Fair（2018）的美国大型宏观经济模型中有关投资的设定，突出了投资受总需求约束的特点，与第四章建立的以供给为导向的 CEMS 模型和第六章建立的供给与需求相结合的 QECM 模型有很大不同。CEMS 模型中投资主要受储蓄率的约束，而 QECM 模型中投资方程主要由投资来源来解释。这是 CAMM 不同于以往模型的一个显著特点。

在构建投资模块时首先需要进行大量的数据预处理工作，因为总资本、住房和非住房的资本存量都没有统计数据，各种类型的投资价格指数也不完整，均需要自行估算。

现有文献一般使用永续盘存法估算中国资本存量水平，笔者使用这一方法对样本期（1992—2016）的资本存量总量以及住房和非住房资本存量进行估算。首先需要假定基期的一些参数，如基期资本存量与 GDP 的比值、基期住房和非住房资本存量在总资本存量中所占比重等，而对于这些在一定程度上通常根据文献人为设定的参数，越久远的基期数据对未来样本的影响越小，因此为了减少基期参数的影响，结合样本的可得性，将基期定为 1978 年，在实际使用数据时，样本为 1992 年开始。

首先根据文献（Chow and Li，1992）假设 1978 年时资本存量

（不变价）与 GDP（不变价）的比值是 3.89，这样就可以计算出 1978 年不变价的总资本存量，再假设住房和非住房资本存量在总资本存量中的比重分别为 0.2 和 0.8（不变价），就可以估算出 1978 年的总资本存量以及住房和非住房资本存量。在基期的基础上，结合可得到的后续每年住房和非住房的投资数据，运用永续盘存法，估算出 1979 年之后每一年的住房和非住房资本存量值。取 1992—2016 年的数据作为样本值，并换算为 2000 年的不变价，即为 2000 年不变价格的非住房和住房资本存量，也是模型中行为方程用到的数据 $kk1$ 和 $kk2$。计算 $kk1$ 和 $kk2$ 时使用恒等式（5.3）和恒等式（5.4），假设资本折旧率为 0.045。

$$kk1 = captkr + (1 - 0.045)kk1(-1) \tag{5.3}$$

$$kk2 = capthr + (1 - 0.045)kk2(-1) \tag{5.4}$$

其中，$captkr$ 为支出方 GDP 中的资本形成（不包括库存增加）中的非房产投资，2000 年不变价；$capthr$ 为城镇房地产投资，2000 年不变价。

需要注意的是，在计算资本存量时所使用的每年的总投资数据是指 GDP 支出方中的固定资本形成不包括存货增加的部分，与投资统计中的全社会固定资产投资的概念有较大差别，两者的定义有所不同（国家统计局网站）。主要差别在于，固定资本形成不包括房地产投资，而全社会固定资产投资包括房地产投资，在房地产投资增长较快的年份，如 2014—2017 年，两者的数据有较大的差距。

在非住房资本存量（$kk1$）方程中，行为方程中的被解释变量不是投资，而是非住房资本存量，即被解释变量是生产总产出所需要的资本存量，解释变量为总产出、资本存量的产出效率以及利率水平。企业的投资水平设定为考虑折旧之后的非住房资本存量的变化。

在住房资本存量（$kk2$）的行为方程中，假设住房资本存量是由国内生产总值和城镇化水平决定的，住房投资水平由考虑折旧之后的住房资本存量的变化来表示。即资本存量由需求决定，投资是年度资本存量的差额，由恒等式计算得到。

1. 非住房资本存量方程（Eq02）

$$\begin{aligned} D[\log(kk1/pop)] = & \underset{(4.20)}{0.11} + \underset{(1.92)}{0.23}D\{[\log[kk1(-1)/pop \\ & (-1)]\} - \underset{(-3.56)}{0.11}\log[kk1(-1)/pop(-1)] \\ & + \underset{(3.68)}{0.11}\log[ysr(-1)/pop(-1)] \\ & - \underset{(-1.48)}{0.05}\log[muh(-1)] + 0.02D09 \end{aligned}$$

$$R^2 = 0.86 \qquad DW = 1.26 \tag{5.5}$$

其中，*kk*1 为非住房资本存量，2000 年不变价；*ysr* 为国内生产总值，支出法 GDP，2000 年不变价；*muh* 为每单位非住房资本的最小产出能力；*pop* 为人口数；*D*09 为哑变量，2009 年等于 1，其他年份等于 0。

muh 是一个参数，表示每单位非住房资本存量的产出能力。其定义为 *gdpc/kk*1 中的阶段最小值，在计算 *muh* 时，先确定 *muh* 历史数据中出现阶段最小值的年份的数据，如在 1978 年、1988 年、1994 年、2007 年、2016 年出现了阶段的最小值，然后假定在每个阶段的相邻两个年份中间的 *muh* 有相同的增长率，从而补齐其中年份的数据，更多的解释可参考 Fair（2018）。

2. 住房资本存量方程（Eq03）

$$\begin{aligned} D[\log(kk2/pop)] = & \underset{(6.57)}{0.46} + \underset{(1.92)}{0.34}D\{\log[kk2(-1)/pop(-1)]\} \\ & - \underset{(-9.12)}{0.45}\log[kk2(-1)/pop(-1)] \\ & + \underset{(6.17)}{0.33}\log[ysr(-1)/pop(-1)] \\ & + \underset{(8.38)}{0.80}\log[rateU(-1)] - 0.03D08 \end{aligned}$$

$$R^2 = 0.93 \qquad DW = 1.97 \tag{5.6}$$

其中，$kk2$ 为居民住房资本存量，2000 年不变价；ysr 为国内生产总值，支出法 GDP，2000 年不变价；$rateU$ 为城镇化率，定义为城镇人口与总人口的比值；pop 为人口数；$D08$ 为哑变量，2008 年等于 1，其他年份等于 0。

住房和非住房的投资（或资本形成）是由资本存量需求水平决定的，即由以下两个恒等式计算得到：

$$captkr = kk1 - (1 - 0.045)kk1(-1) \tag{5.7}$$

$$capthr = kk2 - (1 - 0.045)kk2(-1) \tag{5.8}$$

其中，$captkr$ 和 $capthr$ 分别为非住房和住房的资本形成，2000 年不变价。这两个变量之和构成 GDP 支出方的总资本形成。

三　国外贸易

国外贸易模块中的两个主要行为方程是商品出口和进口方程。不变价出口主要由外部需求即世界贸易量决定，实际汇率影响出口的价格，也是一个重要的解释变量。总的出口和进口包括商品和服务的出口和进口。

进口主要由国内需求决定，也受到实际汇率的影响。考虑到中国出口中有很大一部分是加工贸易，所以出口也是进口的一个潜在的解释变量。进口方程中被解释变量是实际人均进口，解释变量包括收入、财富、进口价格指数。收入变量使用全口径的收入，即总产出 Y，不是可支配收入，因为进口是由全部部门购买的。

1. 商品进口方程（Eq04）

$$\begin{aligned} D[\log(imc/pim/pgdp)] = & \underset{(3.61)}{2.29} + \underset{(9.27)}{0.89} D[\log(exc/pex/pgdp)] \\ & - \underset{(-3.90)}{0.71} \log[imc(-1)/pim(-1)/ \\ & pgdp(-1)] + \underset{(3.85)}{0.47} \log[exc(-1)/ \end{aligned}$$

$$pex(-1)/pgdp(-1)]$$

$$R^2 = 0.82 \qquad DW = 1.52 \qquad (5.9)$$

其中，*imc* 为商品进口总额，人民币，现价；*pim* 为进口价格指数，2000 年 = 100；*exc* 为商品出口总额，人民币，现价；*pex* 为出口价格指数，2000 年 = 100；*pgdp* 为 GDP 平减指数，2000 年 = 100。

2. 商品出口方程（Eq05）

$$\begin{aligned} D[\log(exc/pex/pgdp)] = & \underset{(-0.75)}{-1.02} + \underset{(5.73)}{1.01}D[\log(ex05r)] \\ & - \underset{(-1.02)}{0.13}\log[exc(-1)/pex(-1) \\ & /pgdp(-1)] + \underset{(0.91)}{0.16}\log[ex05r \\ & (-1)] \end{aligned}$$

$$R^2 = 0.69 \qquad DW = 1.22 \qquad (5.10)$$

其中，*exc* 为商品出口总额，人民币，现价；*ex05r* 为世界商品进出口总额，人民币，2000 年不变价；*pex* 为出口价格指数，2000 年 = 100；*pgdp* 为 GDP 平减指数，2000 年 = 100。

商品出口方程中有几个系数不显著，但是估计的长期关系系数的符号符合经济学理论，且预测效果较好，总体上比尝试过的其他模型的设定形式好。因此，保留这一方程的设定和估计，未来在取得更多统计数据之后，再进行更新。

四　劳动就业

根据中国产业的特点，将总就业分为第一产业和第二、第三产业的就业并分别进行估计。全部就业主要由需求和劳动生产率决定，第一产业就业数量设定为外生变量，第二、第三产业就业数量是全部就业数量与第一产业就业数量之差。

总就业需求方程（Eq06）

$$
\begin{aligned}
D[\log(emp)] = & \underset{(-1.59)}{-0.35} + \underset{(0.84)}{0.18}D\{\log[emp(-1)]\} \\
& \underset{(-2.20)}{-0.036}\log[emp(-1)] \\
& + \underset{(3.14)}{0.069}\log[y(-1)] - \underset{(-2.68)}{0.050}\log[prod(-1)] \\
& - \underset{(-3.57)}{0.002}@trend(1996)
\end{aligned}
$$

$$R^2 = 0.95 \qquad DW = 2.26 \tag{5.11}$$

其中，*emp* 为全社会就业人数；*y* 为实际 GDP，生产方，2000 年不变价；*prod* 为劳动生产率；@ *trend*（1996）为趋势变量，1996 =0，之后每年增加 1。

将第一产业就业人数 *emp*1 定义为外生变量，在基准模型中假设 2018—2025 年每年减少两个百分点。第二、第三产业的就业人数等于总就业人数减去 *emp*1。模型中没有将第二、第三产业就业人数进一步细分。由第一产业和第二、第三产业增加值与就业人数计算分产业的劳动生产率：

$$prod1 = vac1/emp1 \tag{5.12}$$

$$prod23 = vac23/(emp - emp1) \tag{5.13}$$

其中，*prod*1、*prod*23 分别为第一产业和第二、第三产业劳动生产率。*emp* 和 *emp*1 分别为总就业和第一产业就业人数，劳动生产率变量进入工资方程。

五 生产

生产模块中的主要行为方程是第二产业的实际增加值。因为目前第一产业增加值占 GDP 的比重已经很小（2020 年为 7.5%），未来还会继续下降，近几年的增长率为 3% 左右，因此将第一产业实际增加值设定为外生变量，假设未来每年增长 3% 是基本合理的。

第二产业实际增加值方程（EQ07）

$$\begin{aligned} D[\log(vac2)] = & \underset{(0.65)}{16.10} + \underset{(3.58)}{0.40} D\{\log[vac2(-1)]\} \\ & - \underset{(-3.56)}{0.73}\log[vac2(-1)] - \underset{(-0.66)}{4.17}\log[y(-1)] \\ & + \underset{(0.93)}{0.47}\log[y(-1)] * \log[y(-1)] \\ & - \underset{(-1.043)}{0.014}\log[y(-1)] * \log[y(-1)] \\ & * \log[y(-1)] \end{aligned}$$

$$R^2 = 0.92 \qquad DW = 2.12 \tag{5.14}$$

其中，*vac*2 为第二产业实际增加值，2000 年不变价；*y* 为国内生产总值，生产方，2000 年不变价。

第三产业实际增加值等于生产方 GDP 和第一、第二产业的差额，由式（5.15）计算得到的：

$$vac3 = y - vac1 - vac2 \tag{5.15}$$

理论上讲，生产方不变价 *GDPC*（*y*）等于第一、第二、第三产业增加值之和，支出方 *GDPC* 等于总消费、资本形成、净出口之和，两者在数值上应当是相等的。目前国家统计局发布的数据是生产方和支出方各项的名义值以及以不变价格计算的增长率，按照实际增长率计算的总的实际 GDP 与计算得到的各个构成项实际值之和存在误差，不是完全相等的。因此，在 CAMM 模型中，分别定义 2 个有关 GDP 的概念，第一个是支出法的实际 GDP，记作 *ysr*，等于实际总消费、实际资本形成总额（包括存货调整）以及实际净出口（包括商品和服务的净出口）之和，是模型的关键方程；第二个是生产法实际 GDP，记作 *y*，等于第一、第二、第三产业实际增长值之和。由 GDP 实际增长率直接计算得到的不变价 *GDPC*（*y*），在数值上 *ysr* 和

y 之间略有不同。模型中 y 由经过误差项调整的 ysr 通过等式构建，ysr 由需求方 GDP 的各项因素即消费、资本形成、商品和服务净出口构成，而消费、资本形成、商品和服务净出口通过构建行为方程来模拟。

六　工资和劳动报酬

工资和劳动报酬主要由劳动生产率决定。主要行为方程是第一产业的实际人均工资，第二、第三产业的实际人均工资以及劳动者人均劳动报酬。人均工资是 NIPA 中的指标，而劳动者人均报酬是 FFA 中的指标，是国内住户部门劳动者报酬收入的主要构成变量。

1. 第一产业的实际平均工资方程（Eq08）

$$\begin{aligned} D[\log(wage1/pcpi)] = & \underset{(1.82)}{1.11} + \underset{(5.59)}{1.05}D\{\log[wage1(-1)/pcpi(-1)] \\ & - \underset{(-1.79)}{0.11}\log[wage1(-1)/pcpi(-1)]\} \\ & + \underset{(1.75)}{0.17}\log[prod1(-1)] \end{aligned}$$
$$R^2 = 0.68 \qquad DW = 1.72 \tag{5.16}$$

其中，$wage1$ 为城镇单位第一产业平均工资，现价；$pcpi$ 为 CPI 价格指数，2000 年 =100；$prod1$ 为第一产业实际劳动生产率。

2. 第二、第三产业的实际平均工资方程（Eq09）

$$\begin{aligned} D[\log(wr23)] = & \underset{(2.11)}{0.62} + \underset{(3.08)}{0.51}D\{\log[wr23(-1)]\} \\ & - \underset{(-1.97)}{0.17}\log[wr23(-1)] \\ & + \underset{(1.94)}{0.22}\log[prod23(-1)] \end{aligned}$$
$$R^2 = 0.41 \qquad DW = 1.80 \tag{5.17}$$

其中，*wr*23 为第二、第三产业实际平均工资，2000 年不变价；*prod*23 为第二、第三产业实际劳动生产率，在计算 *wr*23 时，用第二和第三产业的实际工资进行加权平均计算。

3. 劳动者人均报酬方程（Eq10）

$$
\begin{aligned}
D[\log(ctr)] = & \underset{(-5.71)}{-4.39} - \underset{(-6.04)}{0.43}\log[ctr(-1)] \\
& + \underset{(6.31)}{0.40}\log[wr23(-1)] \\
& + \underset{(3.25)}{0.18}\log[emp2(-1)/emp3(-1)] \\
& + \underset{(3.11)}{0.13}\log[pcpi(-1)] \\
R^2 = 0.71 \quad & DW = 2.20 \qquad (5.18)
\end{aligned}
$$

其中，*ctr* 为劳动者实际人均劳动者报酬，2000 年不变价；*wr*23 为第二、第三产业的实际平均工资，2000 年不变价；*emp*2 为全社会第二产业就业人数；*emp*3 为全社会第三产业就业人数；*pcpi* 为居民消费价格指数，2000 年 =100。

七 价格

价格模块中的核心变量是居民消费价格指数 *pcpi* 的变化率，即 CPI 通胀率。居民消费价格的通胀率是中国央行货币政策的调控目标，根据已有的研究，中国 CPI 通货膨胀主要受 4 个因素的驱动，一是超额需求拉动，即短期需求超过了供给能力；二是超额货币因素，即货币供给超过了货币需求；三是进口价格的通胀，如受国际市场价格变动的影响，进口的原油、铁矿石等大宗商品进口价格的大幅变动对中国 CPI 造成的影响；四是食品特别是猪肉价格的周期性波动，对中国 CPI 形成较大影响（张延群，2012）。

价格模块中的主要行为方程是居民消费价格指数（*pcpi*）、GDP 平减指数（*pgdp*）、资本形成价格指数（*pcap*）以及进口和出口价格指数方程（*pim* 和 *pex*）。通过动态求解这些价格指数，得到各个价格指数的预测值。在现价 GDP 方程中，将构成不变价 GDP 的各个组成部分，即消费、资本形成、进口、出口的不变价通过乘以各自的价格指数，获得现价，相加之后得到现价 GDP。

1. CPI 价格指数方程（Eq11）

$$
\begin{aligned}
D[\log(pcpi)] = {} & \underset{(6.89)}{2.84} + \underset{(5.16)}{0.43}D\{\log[pcpi(-1)]\} \\
& - \underset{(-7.82)}{0.22}\log[pcpi(-1)] + \underset{(5.90)}{0.34}\{\log[M2(-1)/ \\
& pcpi(-1)] - 1.1\log[ysr(-1)] \\
& + 0.03rateS(-1)\}
\end{aligned}
$$

$$R^2 = 0.89 \qquad DW = 1.62 \tag{5.19}$$

其中，*pcpi* 为居民消费价格指数，2000 年 =100；*ysr* 为国内生产总值，2000 年不变价；*M2* 为货币供给 M2，现价；*rateS* 为一年期存款利率（短期利率）。

2. 资本形成价格指数方程（Eq12）

$$
\begin{aligned}
D[\log(pcap)] = {} & \underset{(1.72)}{0.007} - \underset{(-2.31)}{0.22}D\{\log[pcap(-1)]\} \\
& + \underset{(1.42)}{0.07}D[\log(pim)] \\
& + \underset{(10.63)}{1.23}D\{\log[pifh(-1)]\} + \underset{(1.42)}{0.03}D09
\end{aligned}
$$

$$R^2 = 0.89 \qquad DW = 1.79 \tag{5.20}$$

其中，*pcap* 为资本形成价格指数，2000 年 =100；*pim* 为进口价格指数，2000 年 =100；*pifh* 为房地产投资价格指数，2000 年 =100；*D09* 为哑变量，2009 年等于 1，其他年份等于 0。

3. GDP 平减指数方程（Eq13）

$$
\begin{aligned}
D[\log(pgdp)] = {} & \underset{(2.77)}{0.24} + \underset{(3.72)}{0.56}D\{\log[pgdp(-1)]\} \\
& - \underset{(-2.14)}{0.44}D\{\log[pcap(-1)]\} \\
& - \underset{(-5.04)}{0.41}\log[pgdp(-1)] + \underset{(8.38)}{0.59}\log[pcap(-1)]
\end{aligned}
$$

$R^2 = 0.76 \qquad DW = 1.86$ （5.21）

其中，*pgdp* 为 GDP 平减指数，2000 年 =100；*pcap* 为资本形成价格指数，2000 年 =100。

4. 进口价格方程（Eq14）

$$
\begin{aligned}
D[\log(pim)] = {} & \underset{(5.95)}{1.26} - \underset{(-2.70)}{0.32}D\{\log[pim(-2)]\} \\
& - \underset{(-6.08)}{0.44}\log[pim(-1)] \\
& + \underset{(5.76)}{0.19}\log[poil(-1)] - \underset{(-2.57)}{0.11}D10
\end{aligned}
$$

$R^2 = 0.75 \qquad DW = 1.50$ （5.22）

其中，*pim* 为进口价格指数，2000 年 =100；*poil* 为国际原油价格指数，2000 年 =100；*D*10 为哑变量，2010 年等于 1，其他年份等于 0。

5. 出口价格方程（Eq15）

$$
\begin{aligned}
D[\log(pex)] = {} & \underset{(1.82)}{1.09} + \underset{(4.88)}{0.56}D\{\log[pex(-1)]\} \\
& + \underset{(3.00)}{0.18}D\{\log[exch(-1)]\} \\
& + \underset{(5.33)}{0.45}D[\log(pim)] - \underset{(-2.38)}{0.43}\log[pex(-1)] \\
& + \underset{(2.96)}{0.27}\log[pcpi(-1)] - \underset{(-2.24)}{0.18}\log[exch(-1)]
\end{aligned}
$$

$$R^2 = 0.82 \qquad DW = 1.79 \tag{5.23}$$

其中，*pex* 为出口价格指数，2000 年 = 100；*pim* 为进口价格指数，2000 年 = 100；*pcpi* 为消费价格指数，2000 年 = 100；*exch* 为美元兑人民币汇率（例如 2018 年 *exch* = 6.8）。

八　政府部门

政府部门是各项税收收入的接收方，在中国 FFA 中主要体现出两种税收，即间接税和直接税。间接税主要由非金融企业上缴的生产税构成，占间接税收入的 90% 左右。直接税主要体现为企业、金融和住户部门所上缴的收入税，三者在收入税中的比例分别为 0.33、0.63 和 0.04（2016 年）。政府部门还通过转移支付在初次收入分配的基础上对收入进行再分配。这些关系在模型中都通过恒等式来刻画。

在政府部门模块中，假设政府消费是外生变量，是政府可以调节的政策性变量，间接税和直接税的税率也看作是政府可以调整的政策性外生变量，政府部门的转移支出也设定为政策性外生变量。政府部门是财政政策的制定者，可以通过调整税率、政府消费支出、净转移支付等方式对宏观经济增长和收入分配进行调节。

在这一模块中没有行为方程，主要由一系列恒等式进行刻画。在施行扩张性财政政策时，政府部门可以通过增加支出、降低税收、增加转移支付规模等方式实施积极的扩张性财政政策。在实施积极的扩张性财政政策时，短期对经济增长有正向的促进作用，同时会引起政府部门可支配收入减少、在其他变量不变的情况下，会造成政府总收入减少、赤字增加。

九　金融

在国民收入账户的框架下，金融模块中的主要行为方程是货币供给量 M1 和 M2，货币供给量行为方程的理论基础是货币需求理论，实际货币需求是由交易需求以及作为财富的贮藏需求决定的，因此被解释变量是实际货币供给量，解释变量为实际 GDP、利率和通货膨胀率。将实际货币供给与由货币需求函数估计的长期货币需求均衡值之间的差额定义为超额货币需求，当出现正的超额货币需求时，货币因素会推动物价上涨，因此超额货币需求是 CPI 通货膨胀行为方程中的一个重要解释变量。

中国的货币政策以货币供给量为中介目标，主要的利率水平，如一年期存款利率以及三年期贷款利率在较长时期保持不变，因此，将利率变量作为外生变量。利率水平影响货币需求、非金融企业的融资成本、金融企业的初次分配收入、政府和住户部门的金融财富存量值，因此是模型中的一个关键变量。

从 FFA 看，金融部门的增加值、生产税和收入税上缴、支付的劳动报酬等，通过恒等式给出。金融部门与非金融企业部门具有不同的特点，70% 的生产税由非金融企业部门缴纳，而 60% 的收入税由金融部门上缴（2016 年），因此，不同税种税率的制定对金融和企业的影响是不同的。

1. 货币供给 M1 方程（Eq16）

$$
\begin{aligned}
D[\log(m1/pcpi)] = {} & \underset{(0.28)}{0.15} + \underset{(1.08)}{0.14}D\{\log[m1(-1)/pcpi(-1)]\} \\
& - \underset{(-3.86)}{0.48}D\{\log[m1(-2)/pcpi(-2)]\} \\
& - \underset{(2.34)}{0.27}\log[m1(-1)/pcpi(-1)] \\
& + \underset{(1.66)}{0.27}\log[GDPC(-1)] \\
& - \underset{(-4.22)}{0.02}rateL(-1) - \underset{(3.69)}{0.10}D14
\end{aligned}
$$

$R^2 = 0.85 \qquad DW = 2.06 \qquad (5.24)$

其中，$m1$ 为货币供给 M1，现价；$GDPC$ 为国内生产总值，2000 年不变价；$pcpi$ 为消费价格指数，2000 年 =100；$rateL$ 为三年期贷款利率；$D14$ 为哑变量，2014 年等于 1，其他年份等于 0。

2. 货币供给 M2 方程（Eq17）

$$\begin{aligned} D[\log(m2/pcpi)] = & \underset{(-1.41)}{-0.55} - \underset{(-2.95)}{0.44}\log[m2(-1)/pcpi(-1)] \\ & + \underset{(2.78)}{0.52}\log[ysr(-1)] - \underset{(-2.86)}{0.01}rates(-1) \end{aligned}$$

$$R^2 = 0.42 \qquad DW = 1.96 \tag{5.25}$$

其中，$m2$ 为货币供给 M2，现价；ysr 为国内生产总值，支出方，2000 年不变价；$pcpi$ 为消费价格指数，2000 年 =100；$rates$ 为一年期存款利率。

3. 居民金融财富（Eq18）

$$\begin{aligned} D[\log(wahr)] = & \underset{(-2.53)}{-0.60} + \underset{(1.99)}{0.28}D\{\log[wahr(-1)]\} \\ & - \underset{(2.78)}{0.50}\log[wahr(-1)] + \underset{(2.75)}{0.51}\log[wkhr(-1)] \\ & + \underset{(0.59)}{0.02}\log[yx04(-1)/pcpi(-1)*100] \\ & - \underset{(-2.78)}{0.08}D09(-2) \end{aligned}$$

$$R^2 = 0.54 \qquad DW = 1.76 \tag{5.26}$$

其中，$wahr$ 为居民金融财富，2000 年不变价；$wkhr$ 为居民非金融财富，2000 年不变价；$yx04$ 为住户部门净金融投资，现价；$pcpi$ 为消费价格指数，2000 年 =100；$D09$ 为哑变量，2009 年等于 1，其他年份等于 0。

十　模型中的等式

模型中包含大量的等式，表 5—3 是对等式设定和变量的说明。

表 5—3　　模型中的等式设定和变量说明

等式	变量	变量的定义
$a01 = ctr * pcpi * emp$	$a01$	国内住户部门的劳动者报酬收入，现价
	ctr	劳动者的实际平均劳动报酬，2000 年不变价
	$pcpi$	CPI 价格指数，2000 年 = 100
	emp	就业总数
$b01 = yd01 + yd02 + yd03 + yd04$	$b01$	政府总生产税收入，现价
	$yd01$	企业部门生产税支出，现价
	$yd02$	金融部门生产税支出，现价
	$yd03$	政府部门生产税支出，现价
	$yd04$	住户部门生产税支出，现价
$bm01 = b01 + m01$	$bm01$	政府总税收，现价
	$b01$	政府总生产税收入，现价
	$m01$	政府总收入税收入，现价
$capt = capt01 + capt02$	$capt$	资本形成总额（包括存货调整），现价
	$capt01$	资本形成总额（不包括存货调整），现价
	$capt02$	存货调整，现价

续表

等式	变量	变量的定义
$capt01 = capt01r * pcap/100$	$capt01$	资本形成总额（不包括存货调整），现价
	$capt01r$	资本形成总额（不包括存货调整），2000 年不变价
	$pcap$	固定资产投资价格指数，2000 年 = 100
$capt02 = capt02r * pcap/100$	$capt02$	存货调整，现价
	$capt02r$	存货调整，2000 年不变价
	$pcap$	固定资产投资价格指数，2000 年 = 100
$capt01r = captkr + capthr$	$capt01r$	资本形成总额（不包括存货调整），2000 年不变价
	$captkr$	非住房资本形成，2000 年不变价
	$capthr$	住房资本形成，2000 年不变价
$capt02r = pai01 * capt01r$	$capt02r$	存货调整，2000 年不变价
	$pai01$	外生变量
	$capt01r$	资本形成总额（不包括存货调整），2000 年不变价
$capthr = kk2 - (1 - 0.045) * kk2(-1)$	$capthr$	住房资本形成，2000 年不变价
	$kk2$	住房资本存量，2000 年不变价
$captkr = kk1 - (1 - 0.045) * kk1(-1)$	$captkr$	非住房资本形成，2000 年不变价
	$kk1$	非住房资本存量，2000 年不变价

续表

等式	变量	变量的定义
$captr = capt01r + capt02r$	$captr$	资本形成总额（包括存货调整），2000 年不变价
	$capt01r$	资本形成总额（不包括存货调整），2000 年不变价
	$capt02r$	存货调整，2000 年不变价
$cg = cgr * pcpi/100$	cg	政府消费，现价
	cgr	政府消费，2000 年不变价
	$pcpi$	CPI 价格指数，2000 年 = 100
$ch = chr * pcpi/100$	ch	居民消费，现价
	chr	居民消费，2000 年不变价
	$pcpi$	CPI 价格指数，2000 年 = 100
$emp23 = emp - emp1$	$emp23$	第二、第三产业就业人数
	emp	全部就业人数
	$emp1$	第一产业就业人数
$excr = exc/pex * 100$	$excr$	商品出口总额，人民币，2000 年不变价
	exc	商品出口总额，人民币，现价
	pex	出口价格指数，2000 年 = 100
$gama03 = 1 - gama01 - gama02 - gama04$	$gama03$	政府部门增加值占全部增加值的比例
	$gama01$	企业部门增加值占全部增加值的比例
	$gama02$	金融增加值占全部增加值的比例
	$gama04$	住户部门增加值占全部增加值的比例

续表

等式	变量	变量的定义
$gdpc = pai02 * ysr$	$gdpc$	用实际增长率和名义 GDP 计算得到的不变价 GDP，2000 年不变价
	ysr	从需求方的各个成分加总得到的不变价 GDP，2000 年不变价
	$pai02$	统计误差（约等于 1）
$gni = v05 - j11$	gni	国民总收入，现价
	$v05$	全部增加值（FFA 中数据）
	$j11$	国外部门的初次分配总收入
$gnic = gni/pgdp * 100$	$gnic$	国民总收入，2000 年不变价
	gni	国民总收入，现价
	$pgdp$	GDP 平减指数，2000 年 = 100
$imcr = imc/pim * 100$	$imcr$	商品进口总额，人民币，2000 年不变价
	imc	商品进口总额，人民币，现价
	pim	进口价格指数，2000 年 = 100
$ingr = s03/pcpi * 100$	$ingr$	政府部门可支配收入，2000 年不变价
	$s03$	资金流量表中政府部门可支配收入，现价
	$pcpi$	CPI 价格指数，2000 年 = 100
$inhr = s04/pcpi * 100$	$inhr$	居民可支配收入，2000 年不变价
	$s04$	资金流量表中住户部门的可支配收入，现价
	$pcpi$	CPI 价格指数，2000 年 = 100
$j00 = j01 + j02 + j03 + j04$	$j00$	国内初次分配总收入，现价
	$j01$	企业部门初次分配收入，现价
	$j02$	金融部门初次分配收入，现价
	$j03$	政府部门初次分配收入，现价
	$j04$	住户部门初次分配收入，现价

续表

等式	变量	变量的定义
$j01 = v01 - ya01 - yd01 + nw01 + j01\_e$	$j01$	企业部门的初次分配收入，现价
	$v01$	企业部门增加值，现价
	$ya01$	企业部门劳动报酬支出，现价
	$yd01$	企业部门生产税支出，现价
	$nw01$	企业部门净财产收入，现价
	$j01\_e$	统计误差，样本外设定为0
$j02 = v02 - ya02 - yd02 + nw02 + j02\_e$	$j02$	金融部门的初次分配收入，现价
	$v02$	金融部门增加值，现价
	$ya02$	金融部门劳动报酬支出，现价
	$yd02$	金融部门生产税支出，现价
	$nw02$	企业部门净财产收入，现价
	$j02\_e$	统计误差，样本外设定为0
$j03 = v03 + b01 - ya03 - yd03 + nw03 + j03\_e$	$j03$	政府部门的初次分配收入，现价
	$v03$	政府部门增加值，现价
	$b01$	政府部门生产税收入，现价
	$ya03$	政府部门劳动报酬支出，现价
	$yd03$	政府部门生产税支出，现价
	$nw03$	政府部门净财产收入，现价
	$j03\_e$	统计误差，样本外设定为0
$j04 = v04 + a01 - ya04 - yd04 + nw04 + j04\_e$	$j04$	住户部门的初次分配收入，现价
	$v04$	住户部门增加值，现价
	$a01$	住户部门劳动报酬收入，现价
	$ya04$	住户部门劳动报酬支出，现价
	$yd04$	住户部门生产税支出，现价
	$nw04$	住户部门净财产收入，现价
	$j04\_e$	统计误差，样本外设定为0

续表

等式	变量	变量的定义
$ja11 = a03 - ya05$	$ja11$	国外部门的净劳动报酬收入，现价
	$a03$	国外部门的劳动报酬收入，现价
	$ya05$	国外部门的劳动报酬支出，现价
$jk01 = yj01 - yk01$	$jk01$	企业部门除去收入税（$yk01$）的其他转移支出，现价
	$yj01$	企业部门总转移支出，现价
	$yk01$	企业部门收入税支出，现价
$jk02 = yj02 - yk02$	$jk02$	金融部门除去收入税（$yk02$）的其他转移支出，现价
	$yj02$	金融部门总转移支出，现价
	$yk02$	金融部门收入税支出，现价
$jk03 = yj03$	$jk03$	政府部门总转移支出
	$yj03$	政府部门总转移支出
$jk04 = yj04 - yk04$	$jk04$	住户部门除去收入税（$yk04$）的其他转移支出
	$yj04$	住户部门总转移支出
	$yk04$	住户部门收入税支出
$kk01 = jk01 - k01$	$kk01$	企业部门净经常转移支出（除去收入税支出）
	$jk01$	企业部门除去收入税（$yk01$）的其他转移支出
	$k01$	企业部门经常转移收入
$kk02 = jk02 - k02$	$kk02$	金融部门净经常转移支出（除去收入税支出）
	$jk02$	金融部门除去收入税（$yk02$）的其他转移支出
	$k02$	金融部门经常转移收入

续表

等式	变量	变量的定义
$kk03 = jk03 - (k03 - m01)$	$kk03$	政府部门净经常转移支出
	$jk03$	政府部门总转移支出
	$k03$	政府部门经常性转移收入
	$m01$	经常转移中的收入税收入
$kk04 = jk04 - k04$	$kk04$	住户部门净经常转移支出（除去收入税支出）
	$jk04$	住户部门除去收入税（$yk04$）的其他转移支出
	$k04$	住户部门经常转移收入
$kkmin = gdpc/muh$	$kkmin$	资本存量的最低产出效率
	$gdpc$	用实际增长率和名义 GDP 计算得到的不变价 GDP，2000 年不变价
	muh	生产单位 GDPC 所需要的最小的资本存量（$kk1$），外生变量，具体定义见第五章第三节
$m01 = yk01 + yk02 + yk03 + m01\_e$	$m01$	政府部门的收入税
	$yk01$	企业金融部门上缴的收入税
	$yk02$	金融部门上缴的收入税
	$yk03$	住户部门上缴的收入税
	$m01\_e$	统计误差，样本外设定为 0
$nexc = exc - imc$	$nexc$	商品净出口，人民币，现价
	exc	商品出口，人民币，现价
	imc	商品进口，人民币，现价
$nexcr = excr - imcr$	$nexcr$	商品净出口，人民币，2000 年不变价
	$excr$	商品出口，人民币，2000 年不变价
	$imcr$	商品进口，人民币，2000 年不变价

续表

等式	变量	变量的定义
$prod = y/emp$	$prod$	劳动生产率
	y	国内生产总值，生产方，2000 年不变价
	emp	就业总数
$prod1 = vac1/emp1$	$prod1$	第一产业劳动生产率
	$vac1$	第一产业的增加值，2000 年不变价（外生变量）
	$emp1$	第一产业从业人数
$prod23 = vac23/(emp - emp1)$	$prod23$	第二、第三产业劳动生产率
	$vac23$	第二、第三产业的增加值，2000 年不变价
	emp	从业人员总数
	$emp1$	第一产业从业人数
$s01 = (j01 - kk01 - yk01) + s01\_e$	$s01$	企业部门的可支配收入
	$j01$	企业部门初次分配收入
	$kk01$	企业部门净转移支出（除去收入税支出）
	$yk01$	企业部门收入税支出
	$s01\_e$	统计误差，样本外设定为 0
$s02 = (j02 - kk02 - yk02) + s02\_e$	$s02$	金融部门的可支配收入
	$j02$	金融部门初次分配收入
	$kk02$	金融部门净转移支出（除去收入税支出）
	$yk02$	金融部门收入税支出
	$s02\_e$	统计误差，样本外设定为 0
$s03 = (j03 - kk03 + m01) + s03\_e$	$s03$	政府部门的可支配收入
	$j03$	政府部门初次分配收入
	$kk03$	政府部门净转移支出（除去收入税支出）
	$m01$	政府部门收入税收入
	$s03\_e$	统计误差，样本外设定为 0

续表

等式	变量	变量的定义
$s04 = (j04 - kk04 - yk03) + s04\_e$	$s04$	住户部门的可支配收入
	$j04$	住户部门初次分配收入
	$kk04$	住户部门净转移支出（除去收入税支出）
	$yk03$	住户部门收入税支出
	$s04\_e$	统计误差，样本外设定为0
$t00 = t05 + t06 + t00\_e$	$t00$	总储蓄合计
	$t05$	国内部门的总储蓄
	$t06$	国外部门的总储蓄（外生）
	$t00\_e$	统计误差，样本外设定为0
$t01 = s01 + t01\_e$	$t01$	企业部门的总储蓄
	$s01$	企业部门可支配收入（企业部门没有消费，可支配收入就是总储蓄）
	$t01\_e$	统计误差，样本外设定为0
$t02 = s02 + t02\_e$	$t02$	金融部门的总储蓄
	$s02$	金融部门可支配收入（金融部门没有消费，可支配收入就是总储蓄）
	$t02\_e$	统计误差，样本外设定为0
$t03 = s03 - yp01 + t03\_e$	$t03$	政府部门储蓄
	$s03$	政府部门可支配收入
	$yp01$	政府部门消费
	$t03\_e$	统计误差，样本为设定为0
$t04 = s04 - yp02 + t04\_e$	$t04$	住户部门储蓄
	$s04$	住户部门可支配收入
	$yp02$	住户部门消费
	$t04\_e$	统计误差，样本外设定为0

续表

等式	变量	变量的定义
$t05 = t01 + t02 + t03 + t04 + t05\_e$	$t05$	国内部门总储蓄合计
	$t01$	企业部门储蓄
	$t02$	金融部门储蓄
	$t03$	政府部门储蓄
	$t04$	住户部门储蓄
	$t05\_e$	统计误差，样本外设定为0
$v01 = gama01 * v05$	$v01$	企业部门增加值，现价
	$v05$	总增加值（FFA 中的），等于 NIPA 中的 GDP，现价
	$gama01$	企业部门增加值份额参数（外生）
$v02 = gama02 * v05$	$v02$	金融部门增加值，现价
	$v05$	总增加值（FFA 中的），等于 NIPA 中的 GDP，现价
	$gama02$	金融部门增加值份额参数（外生）
$v03 = gama03 * v05$	$v03$	政府部门增加值，现价
	$v05$	总增加值（FFA 中的），等于 NIPA 中的 GDP，现价
	$gama03$	政府部门增加值份额参数
$v04 = gama04 * v05$	$v04$	住户部门增加值，现价
	$v05$	总增加值（FFA 中的），等于 NIPA 中的 GDP，现价
	$gama04$	住户部门增加值份额参数（外生）
$v05 = gdp * v05\_e$	$v05$	FFA 中的增加值总额，现价
	GDP	NIPA 中的增加值总额，现价
	$v05\_e$	统计误差，样本外设定为1

续表

等式	变量	变量的定义
$vac23 = y - vac1$	$vac23$	第二、第三产业的增加值，2000年不变价
	y	从生产法计算的2000年不变价GDP，等于三次产业增加值之和
	$vac1$	第一产业的增加值，2000年不变价（外生变量）
$whr = wkhr + wahr$	whr	居民部门的财富总额，2000年不变价
	$wkhr$	居民部门的物质财富，2000年不变价
	$wahr$	居民部门的金融财富，2000年不变价
$wkhr = yeta01 * kk2$	$wkhr$	居民部门的物质财富，2000年不变价
	$kk2$	居民部门房产存量，2000年不变价
	$yeta01$	居民物质财富占房产存量的份额（外生）
$y = pai03 * ysr$	y	从生产法计算的2000年不变价GDP，等于三次产业增加值之和
	ysr	从需求方的各个成分加总得到的2000年不变价GDP
	$pai03$	统计误差（约等于1）
$ya01 = alpha01 * v01$	$ya01$	企业部门劳动者报酬，现价
	$v01$	企业部门增加值，现价
	$alpha01$	企业部门劳动报酬系数（外生）
$ya02 = alpha02 * v02$	$ya02$	金融部门劳动者报酬，现价
	$v02$	金融部门增加值，现价
	$alpha02$	金融部门劳动报酬系数（外生）

续表

等式	变量	变量的定义
$ya03 = alpha03 * v03$	$ya03$	政府部门劳动者报酬，现价
	$v03$	政府部门增加值，现价
	$alpha03$	政府部门劳动报酬系数（外生）
$ya04 = a01 - (ya01 + ya02 + ya03 + ya05 - a03 + a01\_e)$	$ya04$	住户部门劳动者报酬支出，现价
	$ya01$	企业部门劳动者报酬支出，现价
	$ya02$	金融部门劳动者报酬支出，现价
	$ya03$	政府部门劳动者报酬支出，现价
	$ya05$	国外部门劳动者报酬支出，现价（外生）
	$a01$	国内部门劳动者报酬收入，现价
	$a03$	国外部门劳动者报酬收入，现价（外生）
	$a01\_e$	统计误差，样本外设定为0
$yd01 = beta01 * v01$	$yd01$	企业部门生产税，现价
	$v01$	企业部门增加值，现价
	$beta01$	企业部门生产税税率（外生）
$yd02 = beta02 * v02$	$yd02$	金融部门生产税，现价
	$v02$	金融部门增加值，现价
	$beta02$	金融部门生产税税率（外生）
$yd03 = beta03 * v03$	$yd03$	政府部门生产税，现价
	$v03$	政府部门增加值，现价
	$beta03$	政府部门生产税税率（外生）
$yd04 = beta04 * v04$	$yd04$	住户部门生产税，现价
	$v04$	住户部门增加值，现价
	$beta04$	住户部门生产税税率（外生）
$yk01 = theta01 * j01$	$yk01$	企业部门收入税支出，现价
	$theta01$	企业部门收入税税率（外生）
	$j01$	企业部门初次分配收入，现价

续表

等式	变量	变量的定义
$yk02 = theta02 * j02$	$yk02$	金融部门收入税支出，现价
	$theta02$	金融部门收入税税率（外生）
	$j02$	金融部门初次分配收入，现价
$yk03 = theta03 * j03$	$yk03$	住户部门收入税支出，现价
	$theta03$	住户部门收入税税率（外生）
	$j03$	住户部门初次分配收入，现价
$yp00 = yp01 + yp02 + yp00\_e$	$yp00$	总消费，现价
	$yp02$	住户部门消费，现价
	$yp01$	政府部门消费，现价
	$yp00\_e$	统计误差，样本外设定为0
$yp01 = lamda03 * cg$	$yp01$	FFA中的政府消费，现价
	cg	NIPA中的政府消费，现价
	$lamda03$	刻画 $yp01$ 和 cg 的统计误差（外生）
$yp02 = lamda04 * ch$	$yp02$	FFA表中的居民消费，现价
	ch	NIPA中的居民消费，现价
	$lamda04$	刻画 $yp02$ 和 ch 的统计误差（外生）
$ysr = chr + cgr + captkr + capthr + capt02r + excr - imcr + nexsr + ysr\_e$	ysr	需求方国内生产总值，2000年不变价
	chr	居民消费，2000年不变价
	cgr	政府消费，2000年不变价
	$captkr$	非房产的资本形成，2000年不变价
	$capthr$	房产的资本形成，2000年不变价
	$capt02r$	存货变动，2000年不变价
	$excr$	商品出口额，人民币，2000年不变价

续表

等式	变量	变量的定义
	imcr	商品进口额，人民币，2000 年不变价
	nexsr	服务净出口额，人民币，2000 年不变价（外生）
	ysr_e	统计误差，样本外设定为 0
yt00 = lamda05 * capt	yt00	*FFA* 中的资本形成总额，现价
	capt	*NIPA* 中的资本形成总额（包括库存），现价
	lamda05	统计误差，样本外设定为 1
yt01 = kapa01 * yt00	yt01	企业部门资本形成总额，现价
	yt00	资本形成总额，现价
	kapa01	企业部门资本形成总额份额参数（外生）
yt02 = kapa02 * yt00	yt02	金融部门资本形成总额，现价
	yt00	资本形成总额，现价
	kapa02	金融部门资本形成总额份额参数（外生）
yt03 = kapa03 * yt00	yt03	政府部门资本形成总额，现价
	yt00	资本形成总额，现价
	kapa03	政府部门资本形成总额份额参数（外生）
yt04 = yt00 - yt01 - yt02 - yt03 + yt04_e	yt00	资本形成总额，现价
	yt01	企业部门资本形成总额，现价
	yt02	金融部门资本形成总额，现价
	yt03	政府部门资本形成总额，现价
	yt04	住户部门资本形成总额，现价
	yt04_e	统计误差，样本外设定为 0

续表

等式	变量	变量的定义
yx04 = t04 - yt04 - yw02 + yx04_e	yx04	住户部门净金融投资，现价
	t04	住户部门总储蓄，现价
	yt04	住户部门资本形成总额，现价（包括存货增加）
	yw02	其他非金融资产获得减处置
	yx04_e	统计误差，样本外设定为0

第三节　模型的预测和检验

一　外生变量的设定

在构建模型之后，首先需要对模型的合理性和可靠性进行检验。最常用的方法是进行样本内和样本外预测，然后考察预测的变量是否能较好地拟合实际值的变化。在样本期外进行预测，首先需要对外生变量赋值，通常将未来外生变量最可能出现的值作为基准模型中外生变量的赋值，在此基础上，对模型中的内生变量进行预测，形成基准方案的预测结果。之后，通常将进行情景分析，即对外生变量的赋值进行调整，如在基准方案中假设在未来时期全球贸易额每年增长3%，在情景分析的方案1中，可以将全球贸易额的增长率由3%变为5%，然后对模型中的内生变量进行预测，并且比较在不同方案下内生变量预测值的变化，以此进行模型合理性的检验以及政策分析。

有关CAMM模型外生变量的说明以及在基准模型中的设定在表5—2中给出。

二　预测结果

在对外生变量进行设定之后，模型中的每一个内生变量都能够得到预测值。这里由于篇幅所限，挑选出较重要的16个变量。并给出它们的实际值以及预测值的走势见图5—2。在做本研究时，基于NIPA的内生变量的数据大多更新到2018年，而基于FFA的变量的数据只能更新到2016年，因此这里所做的是2015—2025年动态样本外预测。

从图5—2中可以看出，大多数变量的预测值能够较好地拟合实际值。预测值都是收敛的，在很大程度上说明了模型的合理性。

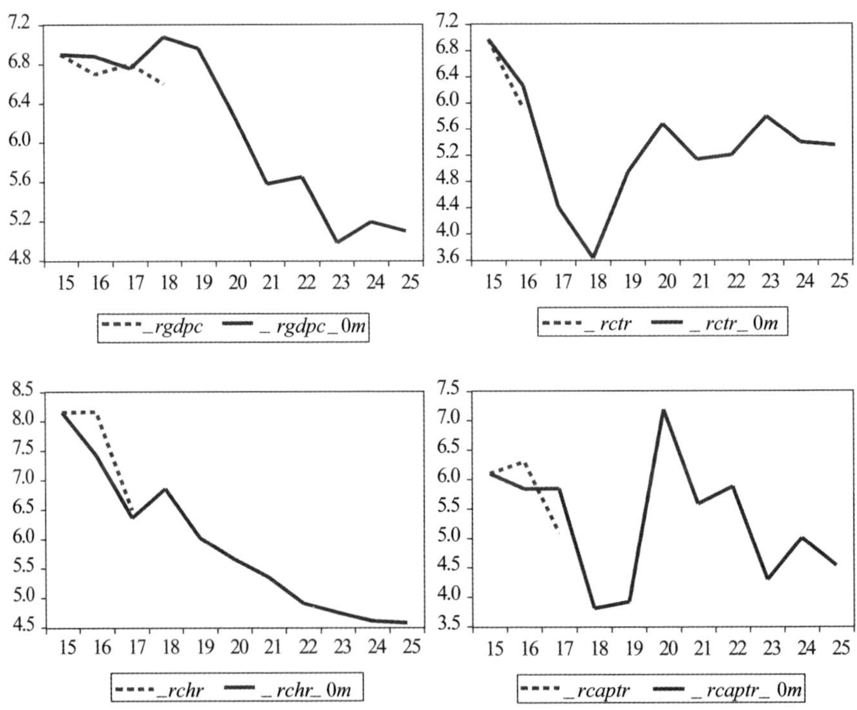

注：*rgdpc*、*rctr*、*rchr*、*rcaptr* 分别为实际GDP增长率、实际居民非住房消费增长率、实际居民住房消费增长率、实际资本形成增长率（%）。变量名后加后缀_0m表示相应变量的预测值。

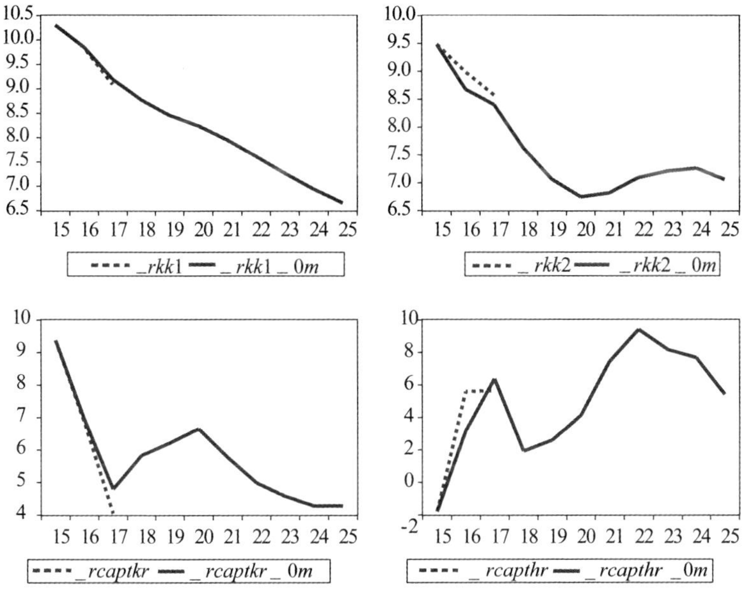

注：*rkk1*、*rkk2r*、*rcaptkr*、*rcapthr* 分别为实际非住房资本存量增长率、实际住房资本存量增长率、实际非住房投资增长率、实际住房投资增长率（%）。变量名后加后缀_0m 表示相应变量的预测值。

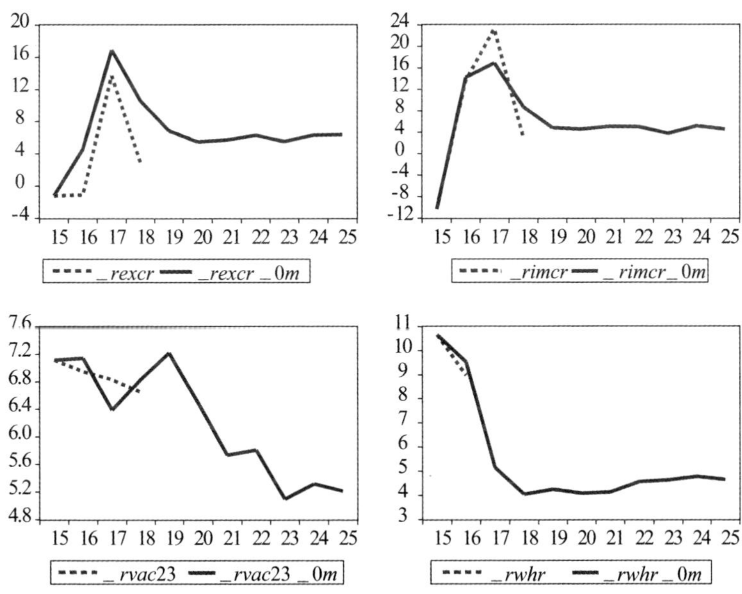

注：*rexcr*、*rimcr*、*rvac23*、*rwhr* 分别为实际人民币出口增长率、实际人民币进口增长率、实际第二、第三产业增加值增长率、实际居民总财富增长率（%）。变量名后加后缀_0m 表示相应变量的预测值。

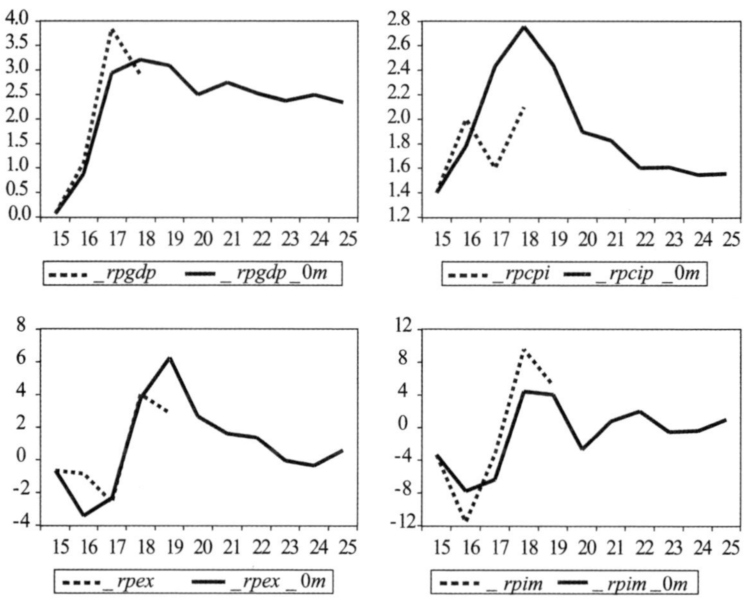

注：*rpgdp*、*rpcpi*、*rpex*、*rpim* 分别为 GDP 平减指数增长率、消费价格指数增长率、出口价格指数增长率、进口价格指数增长率（%）。变量名后加后缀_0m 表示相应变量的预测值。

图 5—2　主要变量增长率的实际值和在基准假设下的预测值（2015—2025）

三　情景分析

理论上讲，可以对任意的外生变量赋予异于基准设置的值，从而形成一个情景分析的方案，并进行方案分析。作为示例，这里给出 3 种方案进行情景分析。

表 5—4 至表 5—14 给出主要变量增长率的预测值，以及在方案 1、方案 2、方案 3 下情景分析的比较。表中第（2）列是基准方案下预测的增长率，如在表 5—4 中第（2）列第 3 行中显示 2018 年基准方案预测的 GDP 实际增长率（*rgdpc_0*）为 6.97%。表中第（3）、第（5）、第（7）列变量即 *r_s*01，*r_s*02，*r_s*03 分别表示在情景分析方案 1、方案 2、方案 3 假设下得到的增长率，如在方案 1 的假设下 2018 年 *GDP* 实际增长率为 7.64%，第（4）、第（6）、第（8）

列即变量 cr_s01，cr_s02，cr_s03 表示各个情景方案下得到的预测值与基准方案下预测值的差异，即第（4）列等于第（3）列减第（2）列，即 $cr\_s01 = r\_s01 - rgdpc\_0$，表示情景分析方案 1 的预测结果与基准方案的差异。例如在表 5—4 中，2018 年 $cr\_s01 = 0.67$，表示在方案 1 的假设下，GDP 实际增长率比基准方案增加了 0.67 个百分点。具体情景分析的方案如下。

方案 1：

假设政府实际消费支出（*cgr*）在 2018 年和 2019 年比基准方案增加 2 个百分点，其他假设保持不变。

方案 2：

假设国际原油价格指数（*poil*）在 2019—2025 年的上涨率比基准假设高 5 个百分点（由基准方案的年上涨率为 0 变为 5%），其他假设保持不变。

方案 3：

假设国际进出口总额（*ex05r*）在 2019—2025 年的上涨率比基准假设高 2 个百分点（由基准方案的年增长率为 3% 变为 5%），其他假设保持不变。

表 5—4　　实际 GDP 增长率（*rgdpc*）　　单位：%

年份	rgdpc_0	r_s01	cr_s01	r_s02	cr_s02	r_s03	cr_s03
(1)	(2)	(3)	(4)	(5)	(6)	(7)	(8)
2018	6.97	7.64	0.67	6.94	-0.03	6.97	0.00
2019	6.38	6.93	0.55	6.71	0.33	6.63	0.25
2020	6.46	5.97	-0.49	6.15	-0.31	6.59	0.13
2021	5.51	6.03	0.52	5.75	0.24	5.63	0.12
2022	5.69	5.66	-0.03	5.58	-0.11	5.79	0.10
2023	5.50	5.34	-0.16	5.51	0.01	5.59	0.09
2024	4.75	5.05	0.30	5.57	0.82	4.83	0.08
2025	5.07	4.77	-0.30	5.10	0.03	5.14	0.07

表 5—5　　　　实际居民消费增长率（*rchr*）　　　　单位：%

年份	*rchr_0*	*r_s01*	*cr_s01*	*r_s02*	*cr_s02*	*r_s03*	*cr_s03*
(1)	(2)	(3)	(4)	(5)	(6)	(7)	(8)
2018	6.78	6.77	-0.01	6.64	-0.14	6.78	0.00
2019	5.88	6.22	0.34	5.96	0.08	5.88	0.00
2020	5.22	5.84	0.62	5.57	0.35	5.28	0.06
2021	5.34	5.27	-0.07	5.09	-0.25	5.41	0.07
2022	5.05	5.07	0.02	4.82	-0.23	5.12	0.07
2023	4.90	4.84	-0.06	4.94	0.04	4.97	0.07
2024	4.39	4.66	0.27	4.77	0.38	4.45	0.06
2025	4.67	4.91	0.24	4.75	0.08	4.73	0.06

表 5—6　　　　实际资本形成增长率（*rcaptr*）　　　　单位：%

年份	*rcaptr_0*	*r_s01*	*cr_s01*	*r_s02*	*cr_s02*	*r_s03*	*cr_s03*
(1)	(2)	(3)	(4)	(5)	(6)	(7)	(8)
2018	3.68	4.14	0.46	2.98	-0.70	3.68	0.00
2019	3.76	4.08	0.32	4.16	0.40	3.76	0.00
2020	6.81	6.48	-0.33	6.74	-0.07	6.96	0.15
2021	5.51	5.79	0.28	5.04	-0.47	5.72	0.21
2022	5.87	6.04	0.17	5.70	-0.17	6.04	0.17
2023	4.53	5.10	0.57	4.78	0.25	4.67	0.14
2024	4.51	5.18	0.67	5.81	1.30	4.64	0.13
2025	4.81	4.55	-0.26	4.90	0.09	4.91	0.10

表 5—7　　　　实际商品出口增长率（*rexcr*）　　　　单位：%

年份	*rexcr_0*	*r_s01*	*cr_s01*	*r_s02*	*cr_s02*	*r_s03*	*cr_s03*
(1)	(2)	(3)	(4)	(5)	(6)	(7)	(8)
2018	7.94	11.54	3.60	10.84	2.90	7.94	0.00
2019	7.38	6.33	-1.05	6.93	-0.45	9.49	2.11
2020	8.45	4.74	-3.71	5.39	-3.06	8.47	0.02

续表

年份	rcaptr_0	r_s01	cr_s01	r_s02	cr_s02	r_s03	cr_s03
(1)	(2)	(3)	(4)	(5)	(6)	(7)	(8)
2021	5.59	9.50	3.91	7.57	1.98	5.58	-0.01
2022	6.39	5.40	-0.99	7.13	0.74	6.39	0.00
2023	6.79	4.48	-2.31	7.00	0.21	6.80	0.01
2024	3.75	4.70	0.95	5.19	1.44	3.78	0.03
2025	5.81	3.88	-1.93	5.68	-0.13	5.86	0.05

表 5—8　　实际商品进口增长率（*rimcr*）　　单位:%

年份	rimcr_0	r_s01	cr_s01	r_s02	cr_s02	r_s03	cr_s03
(1)	(2)	(3)	(4)	(5)	(6)	(7)	(8)
2018	4.24	9.26	5.02	7.04	2.80	4.24	0.00
2019	9.18	5.06	-4.12	7.23	-1.95	11.09	1.91
2020	6.35	2.05	-4.30	4.08	-2.27	6.03	-0.32
2021	5.13	8.96	3.83	4.92	-0.21	5.01	-0.12
2022	5.28	4.24	-1.04	6.32	1.04	5.23	-0.05
2023	3.36	1.66	-1.70	4.54	1.18	3.35	-0.01
2024	1.66	3.77	2.11	2.82	1.16	1.67	0.01
2025	4.69	3.29	-1.40	4.73	0.04	4.72	0.03

表 5—9　　第二、第三产业实际工资增长率（*rwr23*）　　单位:%

年份	rwr23_0	r_s01	cr_s01	r_s02	cr_s02	r_s03	cr_s03
(1)	(2)	(3)	(4)	(5)	(6)	(7)	(8)
2018	7.52	6.96	-0.56	7.10	-0.42	7.52	0.00
2019	7.2	7.94	0.74	6.49	-0.71	7.20	0.00
2020	7.58	7.78	0.20	7.43	-0.15	7.64	0.06
2021	7.55	8.27	0.72	8.42	0.87	7.66	0.11
2022	7.34	7.93	0.59	8.66	1.32	7.48	0.14
2023	7.70	8.21	0.51	7.60	-0.10	7.84	0.14

续表

年份	rwr23_0	r_s01	cr_s01	r_s02	cr_s02	r_s03	cr_s03
(1)	(2)	(3)	(4)	(5)	(6)	(7)	(8)
2024	7. 82	7. 44	-0. 38	8. 03	0. 21	7. 94	0. 12
2025	7. 77	7. 05	-0. 72	7. 69	-0. 08	7. 87	0. 10

表 5—10　　实际居民财富增长率（*rwhr*）　　单位：%

年份	rwhr_0	r_s01	cr_s01	r_s02	cr_s02	r_s03	cr_s03
(1)	(2)	(3)	(4)	(5)	(6)	(7)	(8)
2018	3. 95	4. 04	0. 09	4. 02	0. 07	3. 95	0. 00
2019	4. 17	4. 32	0. 15	4. 27	0. 10	4. 17	0. 00
2020	4. 26	4. 08	-0. 18	3. 71	-0. 55	4. 26	0. 00
2021	4. 43	4. 37	-0. 06	4. 24	-0. 19	4. 43	0. 00
2022	4. 43	4. 60	0. 17	4. 25	-0. 18	4. 46	0. 03
2023	4. 63	4. 78	0. 15	4. 59	-0. 04	4. 67	0. 04
2024	4. 46	4. 71	0. 25	4. 71	0. 25	4. 53	0. 07
2025	4. 29	4. 53	0. 24	4. 74	0. 45	4. 37	0. 08

表 5—11　　名义货币供给 M2 增长率（*rm2*）　　单位：%

年份	rm2_0	r_s01	cr_s01	r_s02	cr_s02	r_s03	cr_s03
(1)	(2)	(3)	(4)	(5)	(6)	(7)	(8)
2018	10. 29	11. 11	0. 82	10. 15	-0. 14	10. 29	0. 00
2019	10. 81	10. 10	-0. 71	11. 20	0. 39	10. 81	0. 00
2020	10. 57	9. 56	-1. 01	9. 10	-1. 47	10. 61	0. 04
2021	9. 67	9. 54	-0. 13	9. 70	0. 03	9. 70	0. 03
2022	8. 49	8. 98	0. 49	8. 77	0. 28	8. 53	0. 04
2023	7. 94	8. 76	0. 82	8. 97	1. 03	8. 01	0. 07
2024	7. 58	8. 20	0. 62	7. 93	0. 35	7. 69	0. 11
2025	7. 55	7. 32	-0. 23	7. 97	0. 42	7. 68	0. 13

表 5—12　　消费价格指数增长率（*rpcpi*）　　单位:%

年份	*rpcpi*_0	*r*_*s*01	*cr*_*s*01	*r*_*s*02	*cr*_*s*02	*r*_*s*03	*cr*_*s*03
(1)	(2)	(3)	(4)	(5)	(6)	(7)	(8)
2018	3. 30	2. 58	−0. 72	2. 44	−0. 86	3. 30	0. 00
2019	2. 66	2. 10	−0. 56	2. 26	−0. 40	2. 66	0. 00
2020	1. 76	1. 75	−0. 01	2. 34	0. 58	1. 67	−0. 09
2021	1. 82	1. 65	−0. 17	1. 60	−0. 22	1. 70	−0. 12
2022	1. 90	1. 15	−0. 75	2. 00	0. 10	1. 81	−0. 09
2023	1. 79	1. 24	−0. 55	1. 39	−0. 40	1. 73	−0. 06
2024	0. 84	1. 14	0. 30	1. 48	0. 64	0. 82	−0. 02
2025	0. 56	1. 98	1. 42	1. 36	0. 80	0. 58	0. 02

表 5—13　　实际人均劳动者报酬增长率（*rctr*）　　单位:%

年份	*rctr*_0	*r*_*s*01	*cr*_*s*01	*r*_*s*02	*cr*_*s*02	*r*_*s*03	*cr*_*s*03
(1)	(2)	(3)	(4)	(5)	(6)	(7)	(8)
2018	3. 63	3. 76	0. 13	3. 48	−0. 15	3. 63	0. 00
2019	4. 77	5. 13	0. 36	5. 06	0. 29	4. 77	0. 00
2020	5. 19	5. 92	0. 73	5. 78	0. 59	5. 21	0. 02
2021	5. 15	4. 83	−0. 32	5. 26	0. 11	5. 18	0. 03
2022	5. 02	5. 03	0. 01	5. 38	0. 36	5. 07	0. 05
2023	5. 25	5. 26	0. 01	5. 62	0. 37	5. 32	0. 07
2024	5. 61	5. 16	−0. 45	5. 55	−0. 06	5. 69	0. 08
2025	5. 64	5. 14	−0. 50	5. 67	0. 03	5. 72	0. 08

表 5—14　　名义政府储蓄增长率（*rt*03）　　单位:%

年份	*rt*03_0	*r*_*s*01	*cr*_*s*01	*r*_*s*02	*cr*_*s*02	*r*_*s*03	*cr*_*s*03
(1)	(2)	(3)	(4)	(5)	(6)	(7)	(8)
2018	9. 71	−3. 40	−13. 11	5. 82	−3. 89	9. 71	0. 00
2019	2. 50	6. 63	4. 13	7. 47	4. 97	3. 33	0. 83

续表

年份	$rt03\_0$	r_s01	cr_s01	r_s02	cr_s02	r_s03	cr_s03
(1)	(2)	(3)	(4)	(5)	(6)	(7)	(8)
2020	2.04	13.32	11.28	7.58	5.54	2.71	0.67
2021	2.06	1.04	-1.02	0.79	-1.27	2.82	0.76
2022	6.80	6.27	-0.53	3.66	-3.14	7.39	0.59
2023	3.60	-0.18	-3.78	0.90	-2.70	4.13	0.53
2024	0.95	2.12	1.17	1.13	0.18	1.54	0.59
2025	1.40	3.37	1.97	0.15	-1.25	1.91	0.51

第四节　总结

本章构建的 CAMM 模型是以需求为导向的中国大型宏观经济模型，适用于对中短期的经济问题进行分析和预测。其中用到的数据主要来自中国 NIPA 以及 FFA。NIPA 和 FFA 数据不仅有全国层面上的统计，而且在分省份层面上基本也可以获得所有的数据，因此可以比较容易地将 CAMM 模型的构建方法用于构建省份或地区的大型宏观经济模型，用于省份或地区经济增长预测或政策分析以及经济发展规划的制定。中国 NIPA 和 FFA 的结构与国际主要经济体所使用的统计结构是基本一致的，因此，也可以将 CAMM 模型进行扩展，通过构建其他国家类似的模型，对其他国家的经济增长潜力进行预测，在此基础上进行国际比较的研究。

第六章

中国宏观经济季度协整模型（QECM 模型）的构建与应用

第一节　QECM 模型简介

QECM 模型是运用宏观经济季度数据，以协整理论为计量经济学理论基础进行方程设定，主要用于中短期季度经济预测和政策分析的大型宏观经济模型。与第四章和第五章构建的年度模型的主要不同是，QECM 模型主要以需求导向为主，并部分结合供给约束。QECM 模型最早的版本可追溯到 20 世纪 90 年代（朱运法、张延群，1998），之后持续更新和完善，形成更新的版本，用于中国季度宏观经济预测和政策分析。

QECM 模型是主要以需求为导向、供给与需求相结合的宏观经济结构模型。QECM 模型规模中等，由 8 个模块、62 个方程组成。方程中 32 个是行为方程（包含定义式），30 个是恒等式。与其他许多类似的模型一样（何新华等，2015；Qin 等，2017；Fagan 等，2001；Fair，2018），QECM 模型可应用于经济预测、政策和外部冲击影响的评估和模拟等。这类模型具有结构简单的特点，当需要研究特定问题时，可以很容易地将其扩展为包含更多子模型的较大规模的模型。本章所讨论的应用实例之一就是在标准 QECM 模型中增加收入不均等模块，用于分析经济增长与收入分配之间的相互影响。QECM 模型的结构如图 6—1 所示。

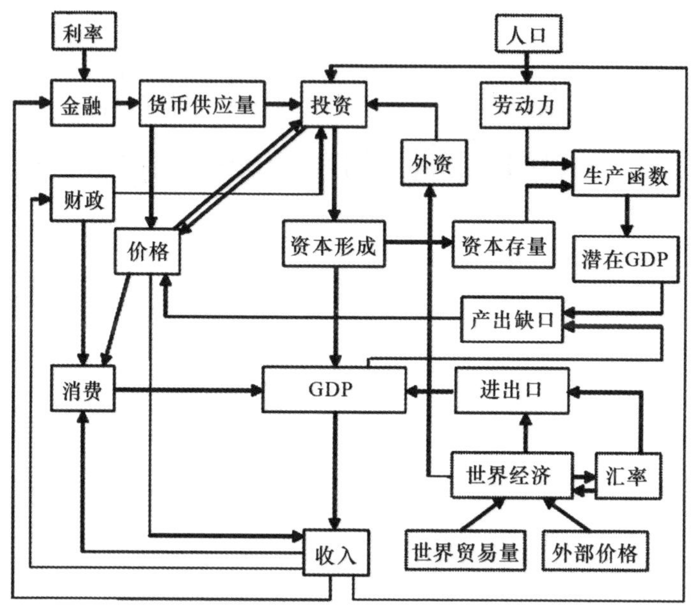

图 6—1 QECM 模型的结构示意

QECM 模型所包含的 8 个模块分别为生产、工资和收入、居民消费、投资、国外贸易、财政部门、金融部门、价格。在生产模块中，从产出的供给方进行建模，以 C－D 生产函数为基础从供给角度对产出进行建模，即生产取决于劳动力投入、资本存量以及全要素生产率。从长期来看，GDP 由供给方决定，即由潜在的 GDP 决定；从短期来看，产出取决于总需求。由长期增长潜力所决定的 GDP 水平与短期需求所决定的实际 GDP 之间的差额形成产出缺口，对物价波动产生影响。第二、第三产业劳动生产率是工资的重要解释变量，主要方程包含潜在 GDP，GDP 缺口，第二、第三产业劳动生产率。

在工资和收入模块，对城镇居民、农村居民的收入分别建模，工资的主要解释变量是第二、第三产业的劳动生产率，收入的主要解释变量是工资和劳动生产率。在居民消费模块对城镇居民、农村居民的消费分别建模，收入和通货膨胀是主要的解释变量。在投资模块，根据投资来源，固定资产投资分为贷款投资、自筹投资、外商直接投资和政府投资，对这 4 种投资来源分别建模，总投资等于这 4 类投资来源之和。在国外贸易模块，对货物的出口额和进口额以及货物和服务的净出口建模。出口依赖世界贸易和汇率，进口是国内需求和汇率的函数。

在财政部门模块，对政府收入和支出建模。政府收入主要取决于税收，政府支出主要由政府收入来解释。在金融部门模块，对货币供给 M1、贷款总额和存款总额建模。存款总额是企业、家庭、政府和其他部门的存款总和，分别对这 4 个部门的存款进行建模。在价格模块，消费价格指数（CPI）是一个关键变量，通过产出缺口率、单位劳动成本、超额货币供给和进口价格来解释，其中产出缺口率被定义为从需求方建模的 GDP 与潜在 GDP 的差值与潜在 GDP 的比值。其他价格指数的方程包括 GDP 平减指数、投资品价格指数等。在 QECM 模型中，变量的不变价用行为方程建模，当前价格由相应价格指数通过恒等式计算。各模块中具体行为方程的设定和估计以及恒等式的设定见本章第二节。

模型中的外生变量包括人口增长率、世界进口总量、进口价格、出口价格、长期利率、短期利率、汇率等，做预测时样本外生变量的值需要提前设定。数据样本从 1992 年第一季度开始，即国家统计局公布季度 GDP 的最早日期，后续在得到新数据后一直更新，本书介绍的模型版本样本截日期为 2014 年第四季度。

本章结构如下：第二节详细介绍了 QECM 模型中的行为方程、恒等式以及外生变量。第三节是对收入不均等建模，在标准 QECM 模型的基础上增加了描述收入不均等的模块，用于分析收入不均等与模型中宏观经济变量之间的相互影响。第四节为预测和情景分析。第五节简要讨论大型宏观经济模型与其他建模方法的比较。

第二节 QECM 模型中的行为方程、恒等式以及外生变量

QECM 模型中的数据来源主要为 Wind，个别指标为笔者自行计算。以下所有方程中的 D_i ，$i = 1,2,3$ 均为季度哑变量，分别表示在第 i 个季度等于 1，其他季度等于 0。估计系数下方括号中的数字为估计系数的 t－检验值。方程中变量之前的符号 D 表示差分，即 $D(x_t) = x_t - x_{t-1}$ ，$D4(x_t) = x_t - x_{t-4}$ 。$x(-i) = x_{t-i}$ ，$i = 1,2,3$ 。基本上所有的宏观经济变量都是带有趋势的一阶单整非平稳变量。行为方程中变量水平值之间的关系可解释为变量之间的长期协整关系。行为方程的设定主要参考朱运法、张延群（1998），何新华等（2005），Qin 等（2007、2009），并根据实际数据的情况进行适当修正。单方程设定使用常用的 ECM 模型的设定形式，见方程（6.1）。在 ECM 模型的设定下，数据中的长期均衡和短期动态可以在同一个方程中得到识别。变量的长期协整关系基于经济理论来设定和估计，短期动态从数据中估计得到（Juselius，2006）。

$$\Delta y_t = c + \sum_{i=1}^{k_1} a_i \Delta y_{t-i} + \sum_{i=0}^{k_2} b_i \Delta x_{t-i} - \alpha(y_{t-1} + \sum \beta_i x_{t-1}) + \varepsilon_t \tag{6.1}$$

单方程估计使用 OLS 估计，估计后对估计系数的显著性、稳定性以及长期协整关系中系数的符号和大小的合理性进行检验，并通过检验误差项的正态性、自相关性和异方差性等对模型设定进行检验。为节约篇幅，这里略去单位根检验和模型设定检验的结果。

一　模型中的行为方程和重要定义式

（一）生产

1. 潜在 GDP（定义式）（Eq01）

$$lypp = -2.75 + 0.666lpop\_q + 0.334lk - 0.40D1 - 0.235D2 - 0.155D3 + 0.0138@trend(1992.1) \tag{6.2}$$

其中，*lypp* 为潜在 GDP，1992 年第一季度不变价，取对数；*lpop_q* 为劳动力人数，取对数；*lk* 为资本存量，1992 年第一季度不变价，取对数；@ *trend*（1992. 1）为趋势变量，1992 年第一季度 =0，之后每季度增加 1。

2. GDP 缺口率（定义式）（Eq02）

$$gap1 = \frac{e^{lgdpc} - e^{lypp}}{e^{lypp}} \times 100 \tag{6.3}$$

其中，*gap*1 为 GDP 缺口率；*lgdpc* 为 GDP，1992 年第一季度不变价，取对数；*lypp* 为潜在 GDP，1992 年第一季度不变价，取对数。

3. 第二、第三产业增加值劳动生产率（技术方程）（Eq03）

$$\begin{aligned} D(lpro23) = {} & \underset{(3.424)}{0.013} - \underset{(-3.081)}{0.069}D1 \\ & - \underset{(-2.608)}{0.150}D[lpro23(-1)] - \underset{(-2.944)}{0.168}D[lpro23(-3)] \\ & + \underset{(7.596)}{0.593}D[lpro23(-4)] \end{aligned}$$

$$R^2 = 0.994 \qquad DW = 1.606 \tag{6.4}$$

其中，*lpro23* 为第二、第三产业劳动生产率，现价，取对数。

（二）工资和收入

1. 平均工资（现价）（Eq04）

$$
\begin{aligned}
D(lwageave) = {} & \underset{(2.723)}{1.082} + \underset{(2.952)}{0.346}D[lwageave(-4)] \\
& - \underset{(-1.301)}{0.563}D(lpro23) - \underset{(-3.591)}{0.590}D1 \\
& - \underset{(-4.800)}{0.240}D2 - \underset{(-4.292)}{0.253}D3 \\
& - \underset{(-2.659)}{0.098}lwageave(-1) + \underset{(2.533)}{0.123}lpro23 \\
R^2 = 0.952 \qquad & DW = 2.294 \qquad\qquad (6.5)
\end{aligned}
$$

其中，*lwageave* 为从业人员平均工资，现价，取对数；*lpro23* 为第二、第三产业生产率，现价，取对数。

2. 城镇居民家庭人均收入（现价）（Eq05）

$$
\begin{aligned}
D(lrevu\_ave) = {} & \underset{(3.675)}{1.986} - \underset{(-3.788)}{0.303}D[lrevu\_ave(-1)] \\
& - \underset{(-3.223)}{0.184}D[lrevu\_ave(-2)] \\
& - \underset{(-3.544)}{0.222}D[lrevu\_ave(-3)] \\
& + \underset{(5.208)}{0.434}D[lrevu\_ave(-4)] \\
& + \underset{(2.953)}{0.102}D[lwageave(-1)] \\
& + \underset{(2.344)}{0.080}D[lwageave(-2)] \\
& - \underset{(-3.647)}{0.225}lrevu\_ave(-1) \\
& + \underset{(-3.506)}{0.187}lgdp\_ave(-1) \\
R^2 = 0.973 \qquad & DW = 1.986 \qquad\qquad (6.6)
\end{aligned}
$$

其中，*lrevu_ave* 为城镇家庭人均可支配收入，现价，取对数；*lwageave* 为从业人员平均工资，现价，取对数；*lgdp_ave* 为人均

GDP，现价，取对数。

3. 农村居民家庭人均收入（现价）（Eq06）

$$\begin{aligned} D(lrevr\_ave) = {} & \underset{(12.503)}{6.677} - \underset{(-7.524)}{0.320}D[lrevr\_ave(-2)] \\ & - \underset{(-7.272)}{0.411}D[lrevr\_ave(-3)] \\ & - \underset{(-2.606)}{0.667}D[\lg dp\_ave(-1)] \\ & - \underset{(-15.417)}{1.124}lrevr\_ave(-1) + \underset{(14.076)}{0.847}lgdp\_ave(-1) \\ & + \underset{(6.827)}{0.357}lpgrain(-1) - \underset{(-2.205)}{0.222}D2 \end{aligned}$$

$$R^2 = 0.960 \qquad DW = 1.362 \tag{6.7}$$

其中，*lrevr_ave* 为农村家庭人均现金收入，现价，取对数；*lgdp_ave*为人均 GDP，现价，取对数；*lpgrain* 为居民粮食消费价格指数，1992 年第一季度 = 100，取对数。

（三）居民消费

1. 居民消费（不变价）（Eq07）

$$\begin{aligned} D(lcons\_pr) = {} & \underset{(3.748)}{0.295} + \underset{(15.569)}{0.778}D[lcons\_pr(-4)] \\ & + \underset{(3.625)}{0.104}D(lrevtot\_r) - \underset{(-4.068)}{0.072}D1 \\ & - \underset{(-3.904)}{0.159}lcons\_pr(-1) + \underset{(3.900)}{0.127}lrevtot\_r \\ & - \underset{(-1.542)}{0.032}lsur\_a(-4) + \underset{(3.455)}{0.041}D11Q1 \end{aligned}$$

$$R^2 = 0.996 \qquad DW = 1.919 \tag{6.8}$$

其中，*lcons_pr* 为居民消费，1992 年第一季度不变价，取对数；*lrevtot_r* 为居民总收入，1992 年第一季度不变价，取对数；*lsur_a* 为城市富裕共享度指标，按照定义自行计算得到；*D11Q1* 为哑变量，2011 年第一季度等于 1，其他等于 0。

2. 农村居民消费（现价）（Eq08）

$$
\begin{aligned}
D(lexpr\_ave) = & -\underset{(-2.321)}{0.481} - \underset{(-1.922)}{0.139}D(lexpr\_ave(-1)) \\
& -\underset{(-2.178)}{0.186}D(lexpr\_ave(-3)) + \underset{(7.389)}{0.481}D(lrevr\_ave) \\
& +\underset{(2.431)}{0.182}D[lrevr\_ave(-3)] \\
& -\underset{(-5.444)}{2.054}D[lpcpi(-2)] - \underset{(-3.088)}{0.175}D2 \\
& -\underset{(-8.078)}{0.591}lexpr\_ave(-1) + \underset{(6.013)}{0.445}lrevr\_ave(-1) + \\
& \underset{(3.753)}{0.267}lpgrain(-1) - \underset{(-0.124)}{0.011}D03Q1 \\
R^2 = 0.859 \quad & DW = 2.052 \qquad (6.9)
\end{aligned}
$$

其中，*lexpr_ave* 为农村居民家庭人均现金支出，现价，取对数；*lrevr_ave* 为农村居民家庭人均现金收入，现价，取对数；*lpcpi* 为居民消费价格指数，1992 年第一季度 = 100，取对数；*lpgrain* 为居民粮食消费价格指数，1992 年第一季度 = 100，取对数；*D03Q1* 为哑变量，2003 年第一季度等于 1，其他等于 0。

3. 城镇居民消费（现价）（Eq09）

$$
\begin{aligned}
D(lexpu\_ave) = & \underset{(5.075)}{0.509} - \underset{(-4.374)}{0.236}D[lexpu\_ave(-3)] \\
& +\underset{(7.125)}{0.450}D[lexpu\_ave(-4)] \\
& -\underset{(-7.734)}{0.336}D[lrevu\_ave(-1)] \\
& +\underset{(6.296)}{0.716}D[lpcpi(-3)] \\
& -\underset{(-7.209)}{0.494}lexpu\_ave(-1) \\
& +\underset{(2.079)}{0.116}lgini(-4) + \underset{(7.004)}{0.426}lrevu\_ave(-1) \\
& +\underset{(5.247)}{0.063}D1 + \underset{(4.290)}{0.103}D13Q4 \\
R^2 = 0.963 \quad & DW = 2.024 \qquad (6.10)
\end{aligned}
$$

其中，*lexpu_ave* 为城镇居民人均消费性支出，现价，取对数；

lpcpi 为居民消费价格指数，1992 年第一季度 = 100，取对数；*lgini* 为基尼系数，取对数；*lrevu_ave* 为城镇居民家庭人均可支配收入，现价，取对数；*D*13*Q*4 为哑变量，2013 年第四季度等于 1，其他等于 0。

4. 商品零售额（不变价）（Eq10）

$$
\begin{aligned}
D(lrsr) = & -\underset{(-2.378)}{2.536} - \underset{(-1.815)}{0.536}D[lrsr(-3)] - \underset{(-0.913)}{0.490}D[lrsr(-4)] \\
& + \underset{(1.103)}{0.849}D(lgdpc) + \underset{(0.638)}{0.175}D[lgdpc(-1)] \\
& - \underset{(-0.361)}{0.085}D1 - \underset{(-2.646)}{0.664}lrsr(-1) + \underset{(2.577)}{0.866}lgdpc(-1)
\end{aligned}
$$

$$R^2 = 0.547 \qquad DW = 1.137 \tag{6.11}$$

其中，*lrsr* 为社会消费品零售总额，1992 年第一季度不变价，取对数；*lgdpc* 为 GDP，1992 年第一季度不变价，取对数。

（四）投资

1. 资本形成（不变价）（Eq11）

$$
\begin{aligned}
D(lcapr) = & -\underset{(-0.358)}{0.037} + \underset{(8.697)}{0.574}D[lcapr(-4)] \\
& - \underset{(-5.052)}{0.019}D[lifr(-1)] - \underset{(-3.601)}{0.133}lcapr(-4) \\
& + \underset{(2.800)}{0.025}lifr(-4) + \underset{(2.511)}{0.106}lgdpc(-4) \\
& - \underset{(6.145)}{0.136}D1 + \underset{(3.933)}{0.072}D09Q1
\end{aligned}
$$

$$R^2 = 0.990 \qquad DW = 2.331 \tag{6.12}$$

其中，*lcapr* 为资本形成总额，1992 年第一季度不变价，取对数；*lifr* 为固定资产投资完成额，1992 年第一季度不变价，取对数；*lgdpc* 为 GDP，1992 年第一季度不变价，取对数；*D*09*Q*1 为哑变量，2009 年第一季度等于 1，其他等于 0。

2. 公司自筹资金投资（不变价）（Eq12）

$$\begin{aligned} D(linveir) = & -\underset{(-2.809)}{0.372} + \underset{(3.997)}{0.412} D4[linveir(-1)] \\ & + \underset{(2.062)}{0.216} D4[linveir(-2)] + \underset{(1.467)}{0.028} D2 \\ & + \underset{(1.999)}{0.140} D09Q1 + \underset{(2.122)}{0.286} D4(lloan\_tol) \\ & - \underset{(-4.694)}{0.069} linveir(-4) + \underset{(4.422)}{0.085} lloan\_tol(-4) \end{aligned}$$

$$R^2 = 0.444 \qquad DW = 1.954 \tag{6.13}$$

其中，*linveir* 为公司自筹资金投资，1992 年第一季度不变价，取对数；*lloan_tol* 为各项贷款余额，现价，取对数；*D09Q1* 为哑变量，2009 年第一季度等于 1，其他等于 0。

3. 国外直接投资（不变价）（Eq13）

$$\begin{aligned} D(linvefr) = & \underset{(0.417)}{0.061} + \underset{(58.254)}{0.904} D[linvefr(-4)] \\ & - \underset{(-2.269)}{0.735} D[lpif(-4)] - \underset{(-3.930)}{0.095} linvefr(-1) \\ & + \underset{(2.461)}{0.051} lgdpc(-1) \end{aligned}$$

$$R^2 = 0.992 \qquad DW = 2.418 \tag{6.14}$$

其中，*linvefr* 为固定资产投资中利用外资，1992 年第一季度不变价，取对数；*lpif* 为固定资产投资价格指数，1992 年第一季度 = 100，取对数；*lgdpc* 为 GDP，1992 年第一季度不变价，取对数。

4. 政府投资（不变价）（Eq14）

$$\begin{aligned} D4(linvegr) = & -\underset{(-3.051)}{0.487} + \underset{(10.369)}{0.721} D4[linvegr(-1)] \\ & - \underset{(-3.698)}{0.296} D4[lrevgr(-1)] - \underset{(-4.707)}{0.130} linvegr(-4) \\ & + \underset{(4.444)}{0.168} lrevgr(-4) \end{aligned}$$

$$R^2 = 0.612 \qquad DW = 2.123 \tag{6.15}$$

其中，*linvegr* 为固定资产投资中国家预算资金，1992 年第一季度不变价，取对数；*lrevgr* 为国家财政收入，1992 年第一季度不变价，取对数。

（五）国外贸易

1. 货物出口（不变价，人民币）（Eq15）

$$\begin{aligned} D(lexrmb\_r) = & \underset{(-1.939)}{-0.644} + \underset{(2.986)}{0.352}D(ltrade) \\ & \underset{(-5.483)}{-0.198}D[lexrmb\_r(-5)] + \underset{(2.108)}{0.243}D(lexchr) + \\ & \underset{(7.353)}{0.363}D(limrmb\_r) - \underset{(-9.932)}{0.157}D1 + \underset{(3.446)}{0.050}D3 \\ & \underset{(-5.674)}{-0.308}lexrmb\_r(-1) + \underset{(4.519)}{0.220}limrmb\_r(-1) \\ & + \underset{(1.842)}{0.157}ltrade(-1) + \underset{(2.495)}{0.164}lexchr(-1) \end{aligned}$$

$$R^2 = 0.952 \qquad DW = 2.005 \tag{6.16}$$

其中，*lexrmb_r* 为货物出口额，人民币，1992 年第一季度不变价，取对数；*ltrade* 为世界进口总额，美元，取对数；*limrmb_r* 为货物进口额，人民币，1992 年第一季度不变价，取对数；*lexchr* 为实际平均汇率，美元兑换人民币，1992 年第一季度不变价，取对数。

2. 货物进口（不变价，人民币）（Eq16）

$$\begin{aligned} D(limrmb\_r) = & \underset{(-0.837)}{-0.146} + \underset{(5.354)}{0.300}D[limrmb\_r(-4)] + \underset{(2.806)}{0.079}D1 \\ & \underset{(-2.745)}{-0.162}D08Q4 + \underset{(8.536)}{0.800}D(lexrmb\_r) \\ & \underset{(-3.623)}{-0.523}D[lexch(-4)] - \underset{(-3.521)}{0.231}limrmb\_r \\ & + \underset{(1.492)}{0.066}lgdpc(-1) + \underset{(2.458)}{0.170}lexrmb\_r(-1) \end{aligned}$$

$$R^2 = 0.893 \qquad DW = 1.904 \tag{6.17}$$

其中，*limrmb_r* 为货物进口额，人民币，1992 年第一季度不变价，取对数；*lexrmb_r* 为货物出口额，人民币，1992 年第一季度不变价，取对数；*lexch* 为平均汇率，美元兑换人民币，取对数；*lgdpc* 为 GDP，1992 年第一季度不变价，取对数；*D08Q4* 为哑变量，2008 年第四季度等于 1，其他等于 0。

3. 货物和服务净出口总额（人民币，不变价）（Eq17）

$$
\begin{aligned}
D4(lexnetr) = & \underset{(1.667)}{0.010} + \underset{(5.515)}{0.523} D4[lexnetr(-1)] \\
& - \underset{(-2.501)}{0.915} D4[lexnetr(-2)] \\
& - \underset{(-3.566)}{0.357} D4[lexnetr(-4)] \\
& - \underset{(-2.671)}{0.166} D4[limrmb\_r(-4)] \\
& + \underset{(3.025)}{0.162} D4[lexrmb\_r(-4)] \\
& - \underset{(-8.484)}{0.483} D4(limrmb\_r) + \underset{(6.969)}{0.465} D4(lexrmb\_r) \\
& + \underset{(3.575)}{0.260} D4[limrmb\_r(-1)] \\
& - \underset{(-3.853)}{0.265} D4[lexrmb\_r(-1)] - \underset{(-1.984)}{0.017} D1 \\
& + \underset{(2.794)}{0.099} D13Q1
\end{aligned}
$$

$$R^2 = 0.749 \qquad DW = 1.800 \tag{6.18}$$

其中，*lexnetr* 为货物和服务净出口，1992 年第一季度不变价，人民币，取对数；*limrmb_r* 为货物进口，1992 年第一季度不变价，人民币，取对数；*lexrmb_r* 为货物出口，1992 年第一季度不变价，人民币，取对数；*D13Q1* 为哑变量，2013 年第一季度等于 1，其他等于 0。

（六）财政部门

1. 财政税收收入（现价）（Eq18）

$$D(lrevtax) = -\underset{(-7.160)}{5.478} - \underset{(-1.445)}{0.293} D[lrevtax(-3)]$$

$$
\begin{aligned}
& + \underset{(1.526)}{0.319} D[lrevtax(-4)] + \underset{(1.960)}{1.901} D[lpcpi(-1)] \\
& - \underset{(-9.675)}{1.041} lrevtax(-1) + \underset{(9.161)}{1.370} lgdp(-1)
\end{aligned}
$$

$$
R^2 = 0.585 \qquad DW = 1.965 \tag{6.19}
$$

其中，*lrevtax* 为财政税收收入，现价，取对数；*lgdp* 为 GDP，现价，取对数；*lpcpi* 为居民消费价格指数，1992 年第一季度 = 100，取对数。

2. 财政预算收入（不变价）（Eq19）

$$
\begin{aligned}
D(lrevgr) = & \underset{(0.839)}{0.091} - \underset{(-1.952)}{0.114} D[lrevgr(-1)] \\
& + \underset{(13.860)}{0.891} D[lrevtaxr(-4)] - \underset{(-0.537)}{0.020} lrevgr(-1) \\
& + \underset{(0.295)}{0.010} lrevtaxr(-1)
\end{aligned}
$$

$$
R^2 = 0.804 \qquad DW = 2.514 \tag{6.20}
$$

其中，*lrevgr* 为财政预算收入，1992 年第一季度不变价，取对数；*lrevtaxr* 为财政税收收入，1992 年第一季度不变价，取对数。

3. 政府消费（不变价）（Eq20）

$$
\begin{aligned}
D(lcons\_gr) = & \underset{(2.440)}{0.129} - \underset{(-2.745)}{0.019} D[lrevgr(-1)] \\
& + \underset{(8.991)}{0.641} D[lcons\_gr(-4)] - \underset{(-2.426)}{0.035} lcons\_gr(-4) \\
& + \underset{(2.411)}{0.019} lrevgr(-4) - \underset{(-4.902)}{0.151} D1 \\
& - \underset{(-4.167)}{0.024} D3 + \underset{(3.754)}{0.044} D11Q1
\end{aligned}
$$

$$
R^2 = 0.996 \qquad DW = 2.016 \tag{6.21}
$$

其中，*lcons_gr* 为政府消费，1992 年第一季度不变价，取对数；*lrevgr* 为财政收入，1992 年第一季度不变价，取对数；*D11Q1* 为哑变量，2011 年第一季度等于 1，其他等于 0。

（七）金融部门

1. 家庭存款（现价）（Eq21）

$$
\begin{aligned}
D(ldep\_sav) = {} & \underset{(1.457)}{0.075} + \underset{(3.253)}{0.328}D[ldep\_sav(-1)] \\
& - \underset{(-1.758)}{0.100}D[lrevtot(-1)] - \underset{(-1.596)}{0.070}D[lrevtot(-2)] \\
& - \underset{(-3.027)}{0.128}D[lrevtot(-3)] \\
& + \underset{(1.564)}{0.086}D[lcons\_p(-2)] \\
& - \underset{(-1.911)}{0.217}D\{D[lpcpi(-1)]\} \\
& - \underset{(-3.842)}{0.100}ldep\_sav(-1) + \underset{(1.944)}{0.121}lrevtot(-1) \\
& - \underset{(-0.131)}{0.007}lcons\_p(-1)
\end{aligned}
$$

$$R^2 = 0.666 \qquad DW = 1.798 \tag{6.22}$$

其中，*ldep_sav* 为储蓄存款余额，现价，取对数；*lrevtot* 为居民总收入，现价，取对数；*lcons_p* 为居民消费，现价，取对数；*lpcpi* 为居民消费价格指数，1992 年第一季度 =100，取对数。

2. 企业存款（现价）（Eq22）

$$
\begin{aligned}
D(ldep\_firm) = {} & - \underset{(-1.548)}{0.167} - \underset{(-2.145)}{0.205}D[ldep\_firm(-3)] \\
& - \underset{(-3.094)}{0.136}D[lgdp(-1)] - \underset{(-4.097)}{0.049}D1 \\
& - \underset{(-3.207)}{0.201}ldep\_firm(-1) + \underset{(3.122)}{0.237}lgdp(-1) \\
& - \underset{(-1.748)}{0.007}ratel
\end{aligned}
$$

$$R^2 = 0.403 \qquad DW = 1.771 \tag{6.23}$$

其中，*ldep_firm* 为企业存款余额，现价，取对数；*lgdp* 为 GDP，现价，取对数；*ratel* 为中长期（3—5 年）贷款利率。

3. 财政存款余额（现价）（Eq23）

$$\begin{aligned} D(ldep\_gov) = & -\underset{(-0.019)}{0.002} - \underset{(-2.013)}{0.115}D[lrevg(-3)] \\ & + \underset{(7.712)}{0.348}D1 + \underset{(10.199)}{0.373}D2 + \underset{(7.447)}{0.295}D3 \\ & - \underset{(-3.461)}{0.169}ldep\_gov(-1) + \underset{(3.010)}{0.176}lrevg(-1) \end{aligned}$$

$$R^2 = 0.697 \qquad DW = 2.208 \qquad (6.24)$$

其中，*ldep_gov* 为财政存款余额，现价，取对数；*lrevg* 为财政预算收入，现价，取对数。

4. 其他存款余额（现价）（Eq24）

$$\begin{aligned} D(ldep\_other) = & -\underset{(-3.612)}{1.846} - \underset{(-3.369)}{0.248}D[ldep\_other(-3)] \\ & + \underset{(7.998)}{0.546}D[ldep\_other(-4)] \\ & - \underset{(-2.198)}{0.333}D[lgdp(-1)] - \underset{(-1.726)}{0.267}D[lgdp(-2)] \\ & - \underset{(-3.938)}{0.239}ldep\_other(-1) + \underset{(3.901)}{0.407}lgdp(-1) \end{aligned}$$

$$R^2 = 0.635 \qquad DW = 2.016 \qquad (6.25)$$

其中，*ldep_other* 为其他存款余额，现价，取对数；*lgdp* 为 GDP，现价，取对数。

5. 各项贷款余额（现价）（Eq25）

$$\begin{aligned} D4(lloan\_tol) = & -\underset{(-0.272)}{0.019} + \underset{(7.325)}{0.491}D4[lloan\_tol(-1)] \\ & + \underset{(6.484)}{0.420}D4(ldep\_tol) + \underset{(2.170)}{0.051}D09Q1 \\ & - \underset{(-2.163)}{0.106}lloan\_tol(-4) + \underset{(2.330)}{0.101}ldep\_tol(-4) \\ & + \underset{(1.913)}{0.026}lratel(-4) \end{aligned}$$

$$R^2 = 0.864 \qquad DW = 1.360 \qquad (6.26)$$

其中，*lloan_tol* 为各项贷款余额，现价，取对数；*ldep_tol* 为各项存款余额，现价，取对数；*lratel* 为中长期（3—5 年）贷款利率，取对数；*D09Q1* 为哑变量，2009 年第一季度等于 1，其他等于 0。

6. 货币供应 M1（不变价）（Eq26）

$$\begin{aligned} D(lmr1) = & \underset{(0.765)}{0.074} - \underset{(-3.820)}{0.094}D[lgdpc(-1)] - \underset{(-5.190)}{0.120}D[lgdpc(-3)] \\ & - \underset{(-11.062)}{0.119}D1 - \underset{(-2.823)}{0.115}lmr1(-1) + \underset{(2.453)}{0.124}lgdpc(-1) \\ & - \underset{(-3.910)}{0.007}ratel(-1) \end{aligned}$$

$$R^2 = 0.835 \qquad DW = 1.829 \tag{6.27}$$

其中，*lmr1* 为货币供给 M1，1992 年第一季度不变价，取对数；*lgdpc* 为 GDP，1992 年第一季度不变价，取对数；*ratel* 为中长期（3—5 年）贷款利率。

（八）价格

1. 消费价格指数（Eq27）

$$\begin{aligned} D(lpcpi) = & \underset{(2.257)}{0.007} + \underset{(6.000)}{0.372}D[lpcpi(-2)] + \underset{(1.864)}{0.040}D(lpim) \\ & + \underset{(3.440)}{0.101}D(lpgrain) + \underset{(2.978)}{0.098}D[lpif(-4)] \\ & + \underset{(2.766)}{0.084}D[lm1(-1)] + \underset{(10.234)}{0.063}D1 \\ & - \underset{(-4.065)}{0.034}D3 - \underset{(-3.516)}{0.068}[lpcpi(-1) \\ & - lpif(-1)] + \underset{(1.928)}{0.001}D[gap1(-2)] \end{aligned}$$

$$R^2 = 0.980 \qquad DW = 1.649 \tag{6.28}$$

其中，*lpcpi* 为居民消费价格指数，1992 年第一季度 = 100，取对数；*lpim* 为进口商品价格总指数，1992 年第一季度 = 100，取对数；*lpif* 为固定资产投资价格指数，1992 年第一季度 =100，取对数；*gap*1 为产出缺口率，由定义式（6.3）计算得到。

2. GDP 平减指数（Eq28）

$$
\begin{aligned}
D(lpgdp) = & \underset{(-1.120)}{-0.184} - \underset{(-7.255)}{0.450}D\{\log[lpgdp(-3)] \\
& + \underset{(10.413)}{0.576}D[lpgdp(-4)]\} + \underset{(4.929)}{0.519}D[lpcpi(-1)] \\
& - \underset{(-6.060)}{0.088}D2 - \underset{(-5.699)}{0.027}D3 - \underset{(-1.504)}{0.078}lpgdp(-1) \\
& + \underset{(1.379)}{0.116}lpif(-1)
\end{aligned}
$$

$$R^2 = 0.956 \qquad DW = 1.386 \tag{6.29}$$

其中，*lpgdp* 为 GDP 平减指数，1992 年第一季度 =100，取对数；*lpcpi* 为消费价格指数，1992 年第一季度 =100，取对数；*lpif* 为固定资产投资价格指数，1992 年第一季度 =100，取对数。

3. 零售价格指数（Eq29）

$$
\begin{aligned}
D(lprs) = & \underset{(4.484)}{0.300} + \underset{(7.220)}{0.524}D[lprs(-4)] \\
& + \underset{(3.225)}{0.371}D[lpcpi(-1)] + \underset{(2.588)}{0.285}D[lpcpi(-2)] \\
& - \underset{(-5.511)}{0.307}D[lpcpi(-3)] - \underset{(-4.449)}{0.060}D2 - \underset{(-3.362)}{0.041}D3 \\
& - \underset{(-3.944)}{0.145}lprs(-1) + \underset{(3.273)}{0.084}lpcpi
\end{aligned}
$$

$$R^2 = 0.930 \qquad DW = 2.079 \tag{6.30}$$

其中，*lprs* 为商品零售价格指数，1992 年第一季度 =100，取对数；*lpcpi* 为居民消费价格指数，1992 年第一季度 =100，取对数。

4. 个人消费价格指数（Eq30）

$$D(lpcons) = \underset{(-0.150)}{-0.009} + \underset{(10.406)}{0.716}D[lpcons(-4)]$$

$$
\begin{aligned}
& -\underset{(-1.264)}{0.081}D[lpim(-4)]-\underset{(-2.233)}{0.019}D2-\underset{(-1.743)}{0.012}D3 \\
& -\underset{(-2.030)}{0.137}lpcons(-1)+\underset{(1.875)}{0.144}lpgdp(-1)
\end{aligned}
$$

$$R^2=0.709 \qquad DW=2.136 \tag{6.31}$$

其中，*lpcons* 为个人消费价格指数，1992 年第一季度 = 100，取对数；*lpim* 为进口商品价格指数，1992 年第一季度 = 100，取对数；*lpgdp* 为 GDP 平减指数，1992 年第一季度 = 100，取对数。

5. 固定资产投资价格指数（Eq31）

$$
\begin{aligned}
D(lpif) = & \underset{(2.199)}{0.155}+\underset{(4.781)}{0.132}D(lpim)+\underset{(9.759)}{0.375}D[lpif(-4)] \\
& -\underset{(-3.666)}{0.099}D[lpim(-4)]+\underset{(3.105)}{0.001}D[gap1(-4)] \\
& -\underset{(-4.536)}{0.050}D09Q1-\underset{(-2.606)}{0.066}lpif(-1)+\underset{(2.915)}{0.037}lpim(-1)
\end{aligned}
$$

$$R^2=0.762 \qquad DW=2.315 \tag{6.32}$$

其中，*lpif* 为固定资产投资价格指数，1992 年第一季度 = 100，取对数；*lpim* 为进口商品价格指数，1992 年第一季度 = 100，取对数；*gap*1 为产出缺口率，由定义式（6.3）计算得到；*D*09*Q*1 为哑变量，2009 年第一季度等于 1，其他等于 0。

6. 资本形成价格指数（Eq32）

$$
\begin{aligned}
D(lpcap) = & \underset{(1.728)}{0.077}+\underset{(2.491)}{0.244}D(lpcap(-4)) \\
& -\underset{(-2.631)}{0.155}D(lpim(-4))-\underset{(-2.431)}{0.098}lpcap(-1) \\
& +\underset{(2.360)}{0.086}lpim(-1)+\underset{(5.087)}{0.041}D1-\underset{(-2.013)}{0.013}D2
\end{aligned}
$$

$$R^2=0.533 \qquad DW=2.062 \tag{6.33}$$

其中，*lpcap* 为资本形成价格指数，1992 年第一季度 = 100，取对数；*lpim* 为进口商品价格指数，1992 年第一季度 = 100，取对数。

二 模型中的恒等式

QECM 模型中的恒等式以及变量定义在表 6—1 中给出。

表 6—1 QECM 模型中的恒等式及变量定义

等式	编号	变量	变量说明
$ldep\_tol = \log[exp(ldep\_other) + exp(ldep\_firm) + exp(ldep\_gov) + exp(ldep\_sav)]$	ID01	*ldep_tol*	各项存款余额，现价，取对数
		ldep_other	其他存款余额，现价，取对数
		ldep_firm	企业存款余额，现价，取对数
		ldep_gov	财政存款余额，现价，取对数
		ldep_sav	储蓄存款余额，现价，取对数
$lgdpc = \log\{exp(lcons\_pr) + exp(lcons\_gr) + exp(lcapr) + exp(lexrmb\_r) - exp(limrmb\_r) - [exp(lexnetr)]\}$	ID02	*lgdpc*	实际 GDP，1992 年第一季度不变价，取对数
		lcons_pr	实际居民消费，1992 年第一季度不变价，取对数
		lcons_gr	实际政府消费，1992 年第一季度不变价，取对数
		lcapr	实际固定资本形成，1992 年第一季度不变价，取对数
		lexrmb_r	实际货物出口额，1992 年第一季度不变价，人民币，取对数
		limrmb_r	实际货物进口额，1992 年第一季度不变价，人民币，取对数
		lexnetr	实际货物和服务净出口，1992 年第一季度不变价，人民币，取对数

续表

等式	编号	变量	变量说明
$lgdp = lgdpc + lpgdp - \log(100)$	ID03	$lgdp$	GDP，现价，取对数
		$lgdpc$	实际 GDP，1992 年第一季度不变价，取对数
		$lpgdp$	GDP 平减指数，1992 年第一季度 = 100，取对数
$lexchr = lexch - lpcpi + lpcpi\_us$	ID04	$lexchr$	实际汇率，美元兑换人民币，取对数
		$lexch$	平均汇率，美元兑换人民币，取对数
		$lpcpi$	居民消费价格指数，1992 年第一季度 = 100，取对数
		$lpcpi\_us$	美国消费价格指数，1992 年第一季度 = 100，取对数
$lgdp\_ave = lgdp - lpop\_q$	ID05	$lgdp\_ave$	人均 GDP，现价，取对数
		$lgdp$	GDP，现价，取对数
		$lpop\_q$	人口数，取对数
$lcons\_p = lcons\_pr + lpcons - \log(100)$	ID06	$lcons\_p$	居民最终消费，现价，取对数
		$lcons\_pr$	实际居民最终消费，1992 年第一季度不变价，取对数
		$lpcons$	最终消费价格指数，1992 年第一季度 = 100，取对数
$lcons\_g = lcons\_gr + lpcons - \log(100)$	ID07	$lcons\_g$	政府最终消费，现价，取对数
		$lcons\_gr$	实际政府最终消费，1992 年第一季度不变价，取对数
		$lpcons$	最终消费价格指数，1992 年第一季度 = 100，取对数

续表

等式	编号	变量	变量说明
$lconsr = \log[exp(lcons\_pr) + exp(lcons\_gr)]$	ID08	lconsr	实际最终消费，1992 年第一季度不变价，取对数
		lcons_pr	实际居民最终消费，1992 年第一季度不变价，取对数
		lcons_gr	实际政府最终消费，1992 年第一季度不变价，取对数
$lcons = lconsr + lpcons - \log(100)$	ID09	lcons	最终消费，现价，取对数
		lconsr	实际最终消费，1992 年第一季度不变价，取对数
		lpcons	最终消费价格指数，1992 年第一季度 = 100，取对数
$lrevtot\_ur = lpop\_q + \log(rateup\_q) - \log(100) + lrevu\_ave - \log(10000)$	ID10	lrevtot_ur	城镇居民总收入，现价，取对数
		lpop_q	人口数，取对数
		rateup_q	城镇化率
		lrevu_ave	城镇居民人均收入，现价，取对数
$lrevtot\_ru = lpop\_q + \log(1 - rateup\_q / 100) + lrevr\_ave - \log(10000)$	ID11	lrevtot_ru	农村居民总收入，现价，取对数
		lpop_q	人口数，取对数
		rateup_q	城镇化率
		lreve_ave	农村居民人均收入，现价，取对数
$lrevtot = \log[exp(lrevtot\_ur) + exp(lrevtot\_ru)]$	ID12	lrevtot	居民总收入，现价，取对数
		lrevtot_ur	城镇居民总收入，现价，取对数
		lrevtot_ru	农村居民总收入，现价，取对数
$lrevtot\_r = lrevtot - lpcpi + \log(100)$	ID13	lrevtot_r	实际居民总收入，1992 年第一季度不变价，取对数
		lrevtot	居民总收入，现价，取对数
		lpcpi	居民消费价格指数，1992 年第一季度 = 100，取对数

续表

等式	编号	变量	变量说明
$lrevave = lrevtot - lpop\_q + \log(10000)$	ID14	*lrevave*	居民人均收入，现价，取对数
		lpop_q	人口数，取对数
		lrevtot	居民总收入，现价，取对数
$lwagetot = lwageave + lempu\_q$	ID15	*lwagetot*	从业人员总工资，现价，取对数
		lwageave	从业人员人均工资，现价，取对数
		lempu_q	从业人员数，取对数
$lrevg = lrevgr + lpcpi - \log(100)$	ID16	*lrevg*	财政收入，现价，取对数
		lrevgr	实际财政收入，1992 年第一季度不变价，取对数
		lpcpi	居民消费价格指数，1992 年第一季度 = 100，取对数
$lrevtaxr = lrevtax - lpcpi + \log(100)$	ID17	*lrevtaxr*	实际财政税收收入，1992 年第一季度不变价，取对数
		lrevtax	财政税收收入，现价，取对数
		lpcpi	居民消费价格指数，1992 年第一季度 = 100，取对数
$lcap = lcapr + lpcap - \log(100)$	ID18	*lcap*	资本形成总额，现价，取对数
		lcapr	实际资本形成总额，1992 年第一季度不变价，取对数
		lpcap	资本形成总额价格指数，1992 年第一季度 = 100，取对数
$linvef = linvefr + lpif - \log(100)$	ID19	*linvef*	固定资产投资中利用外资，现价，取对数
		linvefr	实际固定资产投资中利用外资，1992 年第一季度不变价，取对数
		lpif	固定资产投资价格指数，1992 年第一季度 = 100，取对数

续表

等式	编号	变量	变量说明
$linvei = linveir + lpif - \log(100)$	ID20	*linvei*	固定资产投资中非政府投资（贷款或自筹资金和其他来源），现价，取对数
		linveir	实际固定资产投资中非政府投资（贷款或自筹资金和其他来源），1992 年第一季度不变价，取对数
		lpif	固定资产投资价格指数，1992 年第一季度 = 100，取对数
$linveg = linvegr + lpif - \log(100)$	ID21	*linveg*	固定资产投资中国家预算资金，现价，取对数
		linvegr	实际固定资产投资中国家预算资金，1992 年第一季度不变价，取对数
		lpif	固定资产投资价格指数，1992 年第一季度 = 100，取对数
$lifr = \log[exp(linveir) + exp(linvegr) + exp(linvefr)]$	ID22	*lifr*	实际固定资产投资完成额，1992 年第一季度不变价，取对数
		linveir	实际固定资产投资中非政府投资（贷款或自筹资金和其他来源），1992 年第一季度不变价，取对数
		linvegr	实际固定资产投资中国家预算资金，1992 年第一季度不变价，取对数
		linvefr	实际固定资产投资中利用外资，1992 年第一季度不变价，取对数
$lif = lifr + lpif - \log(100)$	ID23	*lif*	固定资产投资完成额，现价，取对数
		lifr	实际固定资产投资完成额，1992 年第一季度不变价，取对数
		lpif	固定资产投资价格指数，1992 年第一季度 = 100，取对数

续表

等式	编号	变量	变量说明
$lm1 = lmr1 + lpcpi - \log(100)$	ID24	*lm*1	货币供给 M1，现价，取对数
		*lmr*1	实际货币供给 M1，1992 年第一季度不变价，取对数
		lpcpi	居民消费价格指数，1992 年第一季度 =100，取对数
$limrmb = limrmb\_r + lpcpi\_us - \log(100)$	ID25	*limrmb*	货物进口额，人民币，现价，取对数
		limrmb_r	实际货物进口额，人民币，1992 年第一季度不变价，取对数
		lpcpi_us	美国居民消费价格指数，1992 年第一季度 =100，取对数
$lexrmb = lexrmb\_r + lpcpi\_us - \log(100)$	ID26	*lexrmb*	货物出口额，人民币，现价，取对数
		lexrmb_r	实际货物出口额，人民币，1992 年第一季度不变价，取对数
		lpcpi_us	美国居民消费价格指数，1992 年第一季度 =100，取对数
$lim\_d = limrmb - lexch$	ID27	*lim_d*	货物进口额，美元，现价，取对数
		limrmb	货物进口额，人民币，现价，取对数
		lexch	平均汇率，美元兑换人民币，取对数
$lex\_d = lexrmb - lexch$	ID28	*lex_d*	货物出口额，美元，现价，取对数
		lexrmb	货物出口额，人民币，现价，取对数
		lexch	平均汇率，美元兑换人民币，取对数

续表

等式	编号	变量	变量说明
$lrs = lrsr + lprs - \log(100)$	ID29	*lrs*	社会消费品零售总额，现价，取对数
		lrsr	实际社会消费品零售总额，1992年第一季度不变价，取对数
		lprs	商品零售价格指数，1992 年第一季度 = 100，取对数
$lopen = lexrmb\_r - lgdpc$	ID30	*lopen*	开放程度
		lexrmb_r	实际货物出口额，人民币，1992年第一季度不变价，取对数
		lgdpc	实际 GDP，1992 年第一季度不变价，取对数

第三节　对收入不均等建模

一　研究背景和目的

在成功实现联合国千年发展目标（UN MDGs）之后，联合国在2015 年 9 月发布了 17 个可持续发展目标（SDGs）并计划于 2030 年之前完成，实现可持续发展目标的目的是促进全世界的可持续、包容和共享发展。这些可持续发展目标涉及经济、社会、健康、教育、性别平等、食物和营养、就业、不均等、环境等（UNESCAP，2016）。

为了促进可持续发展目标的实现，政府需要监督、评估、跟踪实现过程。因此首先需要制定一个系统的评估框架，这个框架应包含目标的衡量标准、可持续发展目标相关数据库的构建、与可持续发展目标相一致的模型以及相关问题的定量调查，基于这样的框架，可以对 SDGs 的相关政策问题进行定量分析、模拟、评估和分析。

本节建立一个可以定量分析 SDGs 相关问题的框架，该方法是将可持续发展目标纳入模型 QECM 中，在模型的框架下定量研究 SDGs 的决定因素以及与其他宏观经济变量之间的相互作用。

在 17 个 SDGs 中，不均等指标起着重要的作用。第一，减少不均等对于消除贫困至关重要（SDG1）。第二，它与 SDG10（减少国家内部和国家之间的不均等程度）和 SDG4（确保包容和公平的优质教育，并为所有人提供终身学习的机会）密切相关。因此以不均等指标为例进行定量分析。

在研究中国不均等指标时将 QECM 模型作为核心模型，对核心模型进行扩展，在已有的核心模块外建立有关不均等指标的新的模块，研究不均等与其他社会经济变量的相互关系，利用这种方法将 SDGs 指标整合到核心模型中。

可持续发展目标包含经济、社会和环境层面，大部分没有具体的统计数据，因此目标的测度成为需要克服的第一个障碍。本节笔者以不均等的测度为例讨论如何根据中国数据的可得性，以及经济和社会发展具体情况来进行指标构建。

在扩展的模块中我们对不均等指标的决定因素进行模拟，与此同时，通过将不均等指标作为增加的解释变量纳入核心模型的行为方程中的方法，研究不均等对消费和 GDP 增长等宏观经济变量的反馈效应。基于该模型可以预测不均等和其他宏观经济变量的未来发展情况。可基于情景分析，模拟各项政策对中国不均等发展的影响，并分析各项政策或世界贸易等外部冲击对不均等的影响。最后简短讨论了当研究可持续发展目标的相关问题时，大型宏观经济模型与其他类型模型（如 CGE 模型）相比较的优缺点。

该研究至少在三个方面具有重要意义。第一，探讨了如何将社会问题纳入宏观经济结构模型的方法；第二，有助于更好地理解可持续发展目标实现的重要途径，并为政府提供衡量、评估和跟踪可持续发展过程的有用信息；第三，通过情景分析，可以识别和评估政策影响。

二 构建收入不均等模块

（一）中国居民收入差距的动态演变和现状

改革开放以来中国经济经历了快速增长，人均 GDP 平均增长率达到 9% 以上。与此同时，中国成为世界上收入分配最不均等的国家之一，收入差距成为中国的一个重大社会经济问题。中国收入差距的快速增长引起了政府的极大关注，在过去的几十年中，采取了一系列措施缩小区域、城乡、家庭收入的差距。比如，2000 年开始实施的西部大开发战略，旨在加强西部地区的基础设施建设，以缩小东部富裕地区和西部欠发达地区的差距；2005 年 10 月开始实施社会主义新农村建设，旨在减少日益扩大的城乡收入差距；“十三五”规划将到 2020 年改善收入分配和消除贫困列为“十三五期间”优先事项之一。中国政府还出台了新的社会保障制度，以促进收入分配更加公平。最低工资制度于 2000 年推出，目的是保障劳动力市场中收入最低员工的生活水平。近年来中国在城乡收入差距、基尼系数、城市地区富裕共享度方面不均等程度扩大的趋势已经基本停止，并开始有缓慢缩小的迹象。

（二）数据可得性与不均等指标构建

不均等指标一般根据各个国家的具体情况以及数据的可得性来定义。在文献中，不均等通常由两种方法来衡量。一种方法是构建不均等指标，如基尼系数、泰尔系数、广义方差等；另一种方法是由世界银行（World Bank，2015）提出的衡量对富裕分享程度的指标（shared prosperity），以下称为富裕共享度。它的定义是人均收入或消费最低的 40% 人口的收入或消费占人均收入或消费的比重，该比例越高，或者收入增长率高于平均水平，不均等状况就越好。

不均等可以从不同单位、空间或群体的角度来衡量，考虑到中国的实际情况以及数据的可获得性，笔者定义了4个不均等的测度，分别为城市内部人均收入不均等、农村内部人均收入不均等，城乡人均收入差距以及富裕共享度。

中国国家统计局每年进行一次家庭调查，至今已有二十多年，但详细的调查数据并未公开发布。直到2014年，国家统计局才第一次发布了从2003年开始的年度基尼系数。根据国家统计局的数据，不均等现象在2008年到达高峰，基尼系数为0.491，此后每年都略有下降，2015年到达了最低点0.462，之后又略有回升。

许多研究使用中国家庭收入项目（CHIP）的数据估计了收入不均等（Li，2009）。从1986年开始，该项目已在1989年、1996年、2003年、2008年、2013年和2018年进行了六轮住户调查。该系列调查数据分别涵盖了1988年、1995年、2002年、2007年、2012年和2017年城乡居民家庭的收入和支出信息。基于CHIP数据集，可以计算全体家庭之间、城乡之间以及区域之间的不均等程度。根据CHIP数据进行估计的大多数研究得出的结论是，农村居民家庭间不均等程度高于城市居民，而城乡收入差距能解释大部分省份内部的不均等。

虽然国家统计局没有公布详细的家庭调查信息，但提供了五等收入群体的年度收入数据，即将收入按照从低到高的顺序分为低、中低、中、中高、高收入五个组，每组家庭数占总家庭数的20%，因此可以根据五个收入群体的城乡家庭收入和支出的年度数据构建年度收入不均等指标。

在进行实证分析之前，需要讨论不均等的测度。本节从家庭之间收入差距、城乡收入差距、区域差距这三个维度对中国不均等程度进行刻画。不均等程度可以用收入、消费、工资、GDP等指标进行衡量，常用的测量指标有基尼系数、泰尔指标和广义方差等（Wan，2004）。

图6—2显示了城乡人均收入差距（a）、全国基尼系数（b）、城镇富裕共享度（c）、农村富裕共享度（d）的时序变化情况。从

中可以看出，总体上不均等现象呈上升趋势，除了在短期内出现了一些波动。2010 年之前，4 项指标度量的不均等程度都有所增加。除了农村富裕共享度外，城乡收入差距和基尼系数似乎在 2010 年前后出现转折点。中国从 1958 年建立户籍制度以来，在很长时期内不允许人口自由流动，特别是人口从农村流向城市，这是造成较大的城乡人均收入差距的主要原因之一。近年来，由于农民工工资增长速度加快，农村家庭收入增长率已超过城市，这是否意味着城乡收入差距出现了转折点，仍有待观察（Wang 等，2014）。

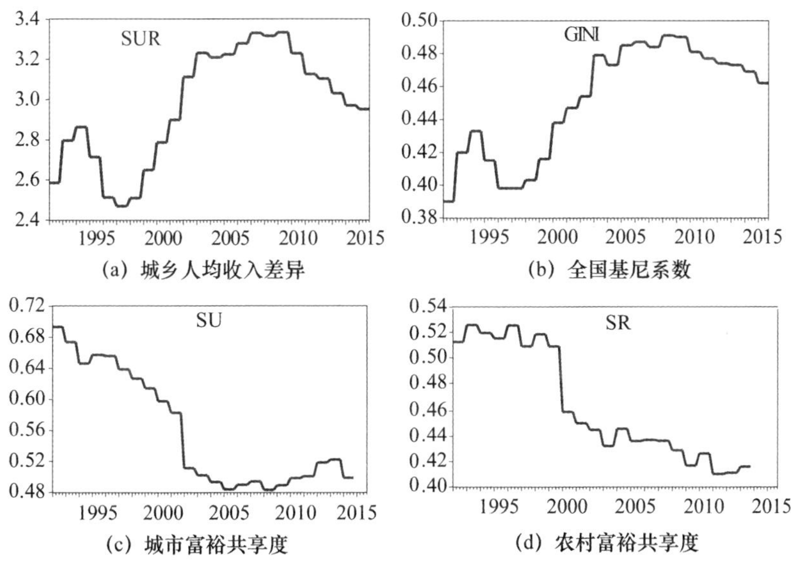

注：（a）至（d）分别为 SUR、GINI、SU 和 SR，即城乡人均收入差距、全国基尼系数、城镇富裕共享度、农村富裕共享度。

图 6—2　不均等指标的时序变化情况

（三）不均等模块中的行为方程和等式

QECM 模型使用的是季度时间序列变量，因此在不均等模块中也使用季度数据。由于样本长度的限制，在方程设定时只能包括几个关键变量，通常是对解释变量具有长期影响的变量。对于不均等方程，由于许多研究发现库兹涅茨假设适合解释中国不均等的发展，因此收入或产出变量是不均等方程的重要解释变量。方程中还包括一些其他的潜在解释变量，如城市化率、教育水平、经济开放度等。

因为从农村迁移到城市的移民家庭收入通常低于原来的城市家庭，城镇化可能对城镇居民收入不均等产生负面影响。教育水平将对缩小城乡收入差距产生积极影响。在文献中，开放性通常对减少不均等产生积极影响。因此在对收入不均等指标进行建模时，模型的解释变量包括决定不均等发展的直接因素，即收入、城镇化和教育，以及可能对不均等指标产生影响的其他因素，如基础设施、人口结构等。

城镇化和教育水平是两个最重要的解释变量。城镇化率定义为城镇人口占总人口的比重。从长远看，城镇化发展是 GDP 增长的一个函数。教育水平定义为人口平均受教育年份，其主要决定因素是收入。由于城镇化率的提高能促进教育进步，因此也包含在教育水平方程中。

以下为收入不均等模块中的主要行为方程和等式。

1. 城镇富裕共享度（Eq33）

$$
\begin{aligned}
D4(lsu) = {} & \underset{(3.871)}{1.267} + \underset{(5.686)}{0.345} D4[lsu(-1)] \\
& - \underset{(-11.389)}{0.693} lsu(-4) - \underset{(-4.316)}{0.295} lrevu\_ave(-4) \\
& + \underset{(4.889)}{0.022} lrevu\_ave(-4) * lrevu\_ave(-4) \\
& - \underset{(-6.574)}{0.483} lr(-4) + \underset{(4.466)}{0.549} ledu(-4) - \underset{(-9.286)}{0.128} D02 \\
R^2 = 0.870 \quad & DW = 1.348 \qquad (6.34)
\end{aligned}
$$

其中，*lsu* 为城镇富裕共享度指标，按照定义自行计算得到；*lrevu_ave* 为城镇家庭人均可支配收入，现价，取对数；*lr* 为城镇化率，取对数；*ledu* 为受教育年限，取对数；*D*20 为哑变量，2002 年第一季度及之后等于 1，2002 年第一季度之前为 0。

在方程（6.34）中，城镇富裕共享度由家庭收入、收入的平方、城镇化率和教育水平来解释。方程的估计结果证实了库兹涅茨假说，转折点发生在 2012 年，当年城镇居民人均可支配收入达到 24500 元左右。从长远看，教育对城镇富裕共享度的增长具有积极影响。城镇化的影响是负向的，这可能是因为从农村新进入城镇的家庭收入总体上低于城镇地区的原住家庭。

2. 农村富裕共享度（Eq34）

$$\begin{aligned}
\mathrm{D4}(lsr) = & -\underset{(-2.029)}{0.777} + \underset{(6.535)}{0.457}D4[lsr(-1)] \\
& - \underset{(-5.160)}{0.528}D[lsr(-4)] - \underset{(-9.348)}{0.620}lsr(-4) \\
& + \underset{(2.332)}{0.177}lgdpc(-4) - \underset{(-2.194)}{0.008}lgdpc(-4) * lgdpc(-4) \\
& - \underset{(-5.190)}{0.161}lr(-4) - \underset{(-8.288)}{0.068}D00
\end{aligned}$$

$$R^2 = 0.890 \qquad DW = 1.443 \tag{6.35}$$

其中，lsr 为农村地区的富裕共享度指标，按照定义自行计算得到；$lgdpc$ 为实际 GDP，1992 年第一季度不变价，取对数；lr 为城镇化率，取对数；$D00$ 为虚拟变量，2000 年第一季度及之后为 1，其他为 0。

农村富裕共享度指标的转折点在 2012 年人均 GDP 达到 3.8 万元时出现。如果方程中用农村家庭的平均收入代替实际 GDP，则无法确定明显的转折点。

3. 城乡人均收入差距（Eq35）

$$\begin{aligned}
\mathrm{D4}(lsur_a) = & -\underset{(-2.930)}{1.179} - \underset{(-4.002)}{0.344}D[lsur_a(-4)] \\
& + \underset{(21.276)}{0.954}D4[lsur_a(-1)] \\
& - \underset{(-3.309)}{0.071}lsur_a(-4) + \underset{(2.992)}{0.247}lgdpc(-4) \\
& - \underset{(-2.930)}{0.012}lgdpc(-4) * lgdpc(-4)
\end{aligned}$$

$$R^2 = 0.886 \qquad DW = 2.260 \tag{6.36}$$

其中，*lsur_a* 为城乡人均收入差距（城镇人均收入与农村人均收入的比值，两者均为现价），取对数；*lgdpc* 为实际 GDP，1992 年第一季度不变价，取对数。

方程（6.36）的估计结果也同样证实了库兹涅茨假说，转折点发生在2009 年，当时人均 GDP 为2.6 万元。城镇化率、受教育程度等变量对城乡人均收入差距均无显著影响。

4. 基尼系数方程（Eq36）

$$
\begin{aligned}
\mathrm{D4}(lgini) = & -\underset{(-4.421)}{0.678} + \underset{(13.815)}{0.708}D4[lgini(-1)] \\
& -\underset{(-4.954)}{0.523}lgini(-4) + \underset{(2.394)}{0.138}lsur\_a(-4) \\
& -\underset{(5.557)}{0.190}lsu(-4)
\end{aligned}
$$

$$R^2 = 0.814 \qquad DW = 1.764 \tag{6.37}$$

其中，*lgini* 为全国基尼系数，取对数；*lsur_a* 为城乡人均收入差距（城镇人均收入与农村人均收入的比值，两者均为现价），取对数；*lsu* 为城镇富裕共享度指标，取对数。

在方程（6.37）中，全国基尼系数由城乡人均收入差距指标和城镇富裕共享度指标来解释。从长期来看，全国基尼系数是后两者的加权平均。

5. 教育水平方程（Eq37）

$$
\begin{aligned}
\mathrm{D4}(ledu) = & \underset{(1.734)}{0.049} + \underset{(11.283)}{0.702}D4[ledu(-1)] \\
& -\underset{(-3.744)}{0.168}ledu(-4) + \underset{(3.800)}{0.030}lgdpc(-4) \\
& +\underset{(7.109)}{0.087}D01Q1
\end{aligned}
$$

$$R^2 = 0.713 \qquad DW = 1.919 \tag{6.38}$$

其中，*ledu* 为教育水平，取对数；*lgdpc* 为实际 GDP，1992 年第一季度不变价，取对数；*D01Q1* 为虚拟变量，2001 年第一季度等于1，其他为0。

6. 城镇化率方程（Eq38）

$$
\begin{aligned}
D4(lr) = & \underset{(0.340)}{0.001} + \underset{(42.752)}{0.956}D4[lr(-1)] \\
& + \underset{(1.800)}{0.007}lr(-1) - \underset{(-1.923)}{0.003}lgdpc(-1) \\
& + \underset{(15.935)}{0.030}D96
\end{aligned}
$$

$$R^2 = 0.963 \qquad DW = 1.973 \qquad (6.39)$$

其中，*lr* 为城镇化率，取对数；*lgdpc* 为实际 GDP，1992 年第一季度不变价，取对数；*D*96 为虚拟变量，1996 年第一季度之后为 1，之前为 0。

方程（6.39）的设定假设从长期看，城镇化率主要由实际 GDP 决定。

通过将不均等指标加入消费、投资、收入等相关方程，检验不均等指标对核心模型中宏观经济变量的反馈效应。

第四节 预测与情景分析

将收入不均等模型加入 QECM 模型中，在对世界贸易、人口增长等外生变量进行设定之后，可以对宏观经济计量模型进行求解，然后可以预测模型中所有内生变量，包括不均等指标。

QECM 模型中对外生变量及在基准模型中的设定见表 6—2。

表 6—2 QECM 模型中外生变量及在基准模型中的设定（2015Q1—2020Q4）

外生变量的设定	外生变量	变量说明
$lpop\_q = lpop\_q(-4) + \log(1.0045)$	*lpop_q*	人口数，取对数
$lempu\_q = lempu\_q(-4) + \log(1.0385)$	*lempu_q*	从业人员数，取对数

续表

外生变量的设定	外生变量	变量说明
$lpcpi\_us = lpcpi\_us(-4) + \log(1.029)$	$lpcpi\_us$	美国消费价格指数，1992 年第一季度 = 100，取对数
$lpgrain = lpgrain(-4) + \log(1.04)$	$lpgrain$	粮食消费价格指数，1992 年第一季度 = 100，取对数
$lexch = lexch(-4) + \log(1.00)$	$lexch$	平均汇率，美元对人民币，取对数
$lpim = lpim(-4) + \log(1.00)$	$lpim$	进口价格指数，1992 年第一季度 = 100，取对数
$lpex = lpex(-4) + \log(1.05)$	$lpex$	出口价格指数，1992 年第一季度 = 100，取对数
$ltrade = ltrade(-4) + \log(1.00)$	$ltrade$	世界进口总额，美元，现价，取对数
$ratel = ratel(-4)$	$ratel$	长期贷款利率
$rates = rates(-4)$	$rates$	短期贷款利率

注：变量后面的(-4) 表示滞后 4 阶的变量。$lpop\_q = lpop\_q(-4) + \log(1.0045)$ 表示假设 pop_q 年度同比增长 0.45%，其他外生变量设定公式的含义相同。

表 6—3 是在基准模型中对主要经济和不均等指标的预测，包括实际 GDP、实际 GDP 增长率、基尼系数、城乡收入差距、城镇富裕共享度、城镇化和教育水平。

表6—3　　　　基准模型中主要变量的预测值

	lgdpc	*rlgdpc*（%）	*gini*	*sur*	*su*	*rr*（%）	*edu*
2015Q1	10.81	9.29	0.47	2.94	0.51	55.87	9.36
2015Q2	10.95	7.27	0.47	2.94	0.51	55.89	9.36
2015Q3	11.00	7.61	0.47	2.94	0.51	55.88	9.39
2015Q4	11.10	6.23	0.47	2.94	0.51	55.87	9.44
2016Q1	10.88	6.27	0.47	2.92	0.52	56.92	9.46
2016Q2	11.00	5.06	0.47	2.93	0.52	56.95	9.48
2016Q3	11.05	5.24	0.46	2.92	0.52	56.93	9.52
2016Q4	11.16	5.09	0.46	2.91	0.52	56.91	9.61
2017Q1	10.94	5.74	0.46	2.91	0.53	57.96	9.59
2017Q2	11.06	5.89	0.46	2.91	0.51	58.00	9.61
2017Q3	11.12	6.73	0.46	2.90	0.52	57.98	9.66
2017Q4	11.22	6.72	0.46	2.88	0.52	57.94	9.76
2018Q1	11.00	6.76	0.45	2.88	0.53	58.98	9.70
2018Q2	11.12	6.56	0.46	2.88	0.52	59.04	9.71
2018Q3	11.18	6.61	0.46	2.87	0.52	59.02	9.77
2018Q4	11.29	6.50	0.46	2.85	0.53	58.96	9.89
2019Q1	11.07	6.59	0.46	2.85	0.54	59.99	9.79
2019Q2	11.19	6.64	0.46	2.84	0.52	60.06	9.82
2019Q3	11.25	6.99	0.46	2.83	0.53	60.04	9.89
2019Q4	11.36	7.02	0.46	2.80	0.53	59.97	10.04
2020Q1	11.14	6.98	0.45	2.80	0.54	60.97	9.89
2020Q2	11.26	7.02	0.46	2.79	0.53	61.06	9.92
2020Q3	11.32	7.02	0.45	2.77	0.53	61.02	10.00
2020Q4	11.43	6.92	0.45	2.74	0.54	60.93	10.16

注：*lgdpc* 为实际GDP，1992年第一季度不变价，单位：亿元，取对数；*rlgdpc* 为实际GDP增长率；*gini* 为基尼系数；*sur* 为城乡收入差距；*su* 为城镇富裕共享度；*rr* 为城镇化率；*edu* 为教育水平。2015Q1—2020Q4是基准模型的预测值。

此外，可以在各种方案假设下进行情景分析。因为在不均等指标的行为方程中，主要决定因素为实际 GDP、家庭收入、城镇化和教育，这些变量的变动将直接或间接地对不均等产生影响，因此笔者通过对相关变量施加冲击来进行情景分析。

在以下 3 种情景假设下进行分析：

情景 1：假设世界贸易在 2012 年第一季度至 2014 年第四季度期间比实际值高出 20%。

情景 2：假设城镇化率 2012 年第一季度至 2014 年第四季度比实际值高出 10%。

情景 3：假设城乡收入差距 2012 年第一季度至 2014 年第四季度比实际值低 10%。

表 6—4 显示在情景 1 的假设下，预测值与基准方案假设下的变化。在 2012 年第一季度至 2014 年第四季度期间，假设世界贸易比实际数字（基准方案）高出 20%，那么到 2014 年第四季度，实际 GDP 比基准方案累计增长了 3.36%。2014 年第四季度实际出口比基准方案累计增长 20.18%。世界贸易的增加也主要通过对 GDP 的影响，间接地对不均等相关变量产生正向的影响。直到 2014 年第四季度，对城乡收入差距和基尼系数累计的影响使得两者分别下降了 0.22% 和 0.03%，城镇富裕共享度上升了 0.25%，这表明世界贸易的增长对减少不均等具有积极影响。值得注意的是，积极的效果不会立刻变得显著，而是需要经过一段时间的滞后。在这个情景假设下，教育水平（受教育年限）到 2014 年第四季度累计增长了 0.27%。

表 6—4　情景 1 的假设下各变量相对于基准方案累计变化的百分比　单位：%

	lgdpc	*lexrmb*	*lsur*	*lsu*	*lgini*	*lr*	*ledu*
2012Q1	0.71	9.04	0.00	0.00	0.00	0.00	0.00
2012Q2	1.23	11.34	0.00	0.00	0.00	−0.00	0.00
2012Q3	1.75	13.20	0.00	0.00	0.00	−0.00	0.00

续表

	lgdpc	lexrmb	lsur	lsu	lgini	lr	ledu
2012Q4	2.01	14.69	0.00	0.00	0.00	-0.01	0.00
2013Q1	1.45	17.01	-0.01	0.00	0.00	-0.01	0.02
2013Q2	1.70	15.89	-0.02	0.01	0.00	-0.02	0.05
2013Q3	2.08	16.81	-0.05	0.03	0.00	-0.03	0.09
2013Q4	2.25	17.62	-0.08	0.06	0.00	-0.03	0.12
2014Q1	1.93	18.77	-0.09	0.10	-0.00	-0.04	0.15
2014Q2	2.54	18.84	-0.12	0.14	-0.01	-0.05	0.18
2014Q3	3.13	19.92	-0.17	0.19	-0.02	-0.07	0.23
2014Q4	3.36	20.18	-0.22	0.25	-0.03	-0.08	0.27

注：*lgpdc* 为实际 GDP，取对数；*lexrmb* 为实际人民币出口，取对数；*lsur* 为城乡收入差距，取对数；*lsu* 为城镇富裕共享度，取对数；*lgini* 为基尼系数，取对数；*lr* 为城镇化率，取对数；*ledu* 表示教育水平，取对数。表格中的数值表示在情景 1 的假设下各变量相对于基准方案累计变化的百分比。

表 6—5 显示情景 2 的假设下，预测值与基准方案假设下预测值的比较。假设 2012 年第一季度至 2014 年第四季度的城镇化率比真实值（基准方案）高 10%，对实际 GDP、城乡收入差距和教育水平没有显著影响。经过一段时间后，对减少不均等产生了负面影响。到 2014 年第四季度，城镇富裕共享度累计减少 6.74%，基尼系数累计增加 3.11%。

表 6—5　　情景 2 的假设下各变量累计变化的百分比　　单位：%

	lgdpc	lsur	lsu	lgini	lr	ledu
2012Q1	0.00	0.00	0.00	0.00	9.49	0.00
2012Q2	0.00	0.00	0.00	0.00	9.48	0.00
2012Q3	0.00	0.00	0.00	0.00	9.50	0.00
2012Q4	0.00	0.00	0.00	0.00	9.54	0.00
2013Q1	0.00	0.00	-4.59	0.00	9.25	0.00
2013Q2	0.00	0.00	-6.16	0.00	9.21	0.00

续表

	lgdpc	*lsur*	*lsu*	*lgini*	*lr*	*ledu*
2013Q3	0.00	0.00	-6.72	0.00	9.26	0.00
2013Q4	0.00	0.00	-6.93	0.00	9.33	0.00
2014Q1	0.00	0.00	-8.26	0.87	8.89	0.00
2014Q2	0.00	0.00	-7.61	1.79	8.84	0.00
2014Q3	0.00	0.00	-7.03	2.54	8.89	0.00
2014Q4	0.00	0.00	-6.74	3.11	9.00	0.00

注：*lgpdc* 为实际 GDP，取对数；*lsur* 为城乡收入差距，取对数；*lsu* 为城镇富裕共享度，取对数；*lgini* 为基尼系数，取对数；*lr* 为城镇化率，取对数；*ledu* 表示教育水平，取对数。表格中的数值表示在情景 2 的假设下各变量累计变化的百分比。

表 6—6 显示情景 3 的假设下，预测值与基准方案假设下预测值的比较。在 2012 年第一季度至 2014 年第四季度城乡收入差距比实际值（基准方案）低 10% 的假设下，在 2014 年年末，个人实际消费和实际 GDP 将分别累计增长 2.19% 和 0.78%，基尼系数累计下降 4.24%。对教育水平的影响是正向的，但幅度很小。

表 6—6　　情景 3 的假设下各变量累计变化的百分比　　单位：%

	lgdpc	*lcons_pr*	*lsur*	*lsu*	*lgini*	*lr*	*ledu*
2012Q1	0.00	0.00	-9.36	0.00	0.00	0.00	0.00
2012Q2	0.00	0.00	-9.47	0.00	0.00	0.00	0.00
2012Q3	0.00	0.00	-9.38	0.00	0.00	0.00	0.00
2012Q4	0.00	0.00	-9.20	0.00	0.00	0.00	0.00
2013Q1	0.10	0.30	-10.59	0.00	-1.29	0.00	0.00
2013Q2	0.20	0.56	-10.75	0.00	-2.22	-0.00	0.00
2013Q3	0.27	0.78	-10.65	0.00	-2.87	-0.00	0.00
2013Q4	0.32	0.96	-10.25	0.00	-3.30	-0.00	0.00
2014Q1	0.48	1.39	-11.80	0.00	-4.42	-0.00	0.00
2014Q2	0.61	1.74	-11.94	0.00	-4.75	-0.00	0.01

续表

	lgdpc	*lcons_pr*	*lsur*	*lsu*	*lgini*	*lr*	*ledu*
2014Q3	0.71	2.00	-11.79	0.01	-4.63	-0.01	0.01
2014Q4	0.78	2.19	-11.19	0.01	-4.24	-0.01	0.02

注：*lgpdc* 为实际 GDP，取对数；*lcons_pr* 为个人实际消费，取对数；*lsur* 为城乡收入差距，取对数；*lsu* 为城镇家庭富裕共享度，取对数；*lgini* 为基尼系数，取对数；*lr* 为城镇化率，取对数；*ledu* 表示教育水平，取对数。表格中的数值表示在情景 3 的假设下各变量累计变化的百分比。

本节的内容是讨论如何基于 QECM 模型定量研究联合国可持续发展目标中的相关问题。将 QECM 模型作为基础模型并进行扩展，对中国的不均等指标进行了实证分析。与其他建模方法相比，QECM 模型具有以下几个优点，第一，其具备灵活的分析框架，可以比较容易地应用到可持续发展目标的相关问题，或者可以用来研究其他国家的不均等问题。第二，经济变量和社会问题指标之间的相互作用可以在统一的模型框架中进行实证分析。第三，该方法可适用于统计体系相对不发达，或者没有完整统计数据的国家。

实证研究表明，从根本上看，中国推动不均等程度下降的最重要因素是经济增长、教育水平和城镇化水平。笔者发现在 2010 年人均 GDP 达到人民币 3 万元时出现了库兹涅茨曲线的转折点，而在 2010 年之前的大约 30 年，不均等程度一直是增加的，这可能部分归因于中国处于高速发展阶段的事实，这是不均等加剧背后存在的强大驱动力。当人均 GDP 达到了相对较高的水平之后，不均等的驱动力似乎已经减弱，2010 年中国基尼系数似乎已经达到转折点，2010 年之后各项不均等指标都出现了缓慢下降的趋势。但这是否意味着真正的转折点已经到来还需要通过更多的数据进行检验。

如果模型发现的库兹涅茨曲线的转折点是真正的转折点，那么未来实际 GDP 和教育的发展将对减少不均等产生积极影响。由于城镇化率的提高似乎对减少城镇内部不均等产生负面影响，中国仍处于城镇化的进程中，未来城镇化率的提高将对减少不均等产生负面影响。城镇化率的提高会部分抵消经济增长和教育改善的积极影响。

不均等情况将如何变化取决于经济增长、城镇化进程、教育水平提高等因素的共同作用。这些因素值得政府在制定减少不均等的政策时加以考虑。

第五节　与其他建模方法的比较

在模拟不均等问题时，比较常用的 CGE 模型具有从各个产业获取信息的优势。一些文献探讨了将 CGE 模型与调查数据相结合的方法，以研究与贫困和收入不均等相关的政策问题（Davis，2004；Gunter 等，2005）。该方法的原则是首先根据 CGE 模型确定政策对加总变量的影响，例如价格、工资、就业等，其次考察总量的变化如何影响家庭收入、消费等变量的变化，同时计算各个变量分布的变化。一些更复杂的模型已经考虑从微观模拟中接受反馈。通过这种方式，可以利用调查数据的信息，例如教育、年龄、家庭状况、工作类型等个人特征来分析收入分配和不均等。该方法的难点之一是如何一致地对宏观变量构建宏观模型，对微观调查数据建立微观模型。除此之外，数据的可得性在许多国家也是一个大问题。

与 CGE 模型相比，QECM 模型的一个优点是可以将不均等指标与系统中其他变量的反馈效应同时建模。不均等指标可能会对家庭总支出、家庭收入、通货膨胀等变量产生影响，因此需要加入其行为方程。通过这种方式，可以同时对不均等指标与其他宏观经济变量之间的互动关系进行建模。

QECM 模型的另一个优点是所需要的数据比较容易获得。鉴于包括中国在内的许多国家都缺乏调查数据，因此无法根据 CGE 模型和调查数据分析与不均等相关的问题。在这方面，基于加总数据的 QECM 模型是一种合适的替代方案。在既没有大型宏观经济模型也没有调查数据的国家，可以构建简化的 QECM 模型来研究不均等问题。由于不均等是一个长期现象，因此可以在年度数据的基础上进行研究。从这个意义上讲，该方法可以应用于在没有完整季度宏观经济数据的国家进行建模和分析。

QECM 模型的一个缺点是，虽然其适用于模拟不均等指标与其他宏观经济变量之间的互动关系，但很难对个人特征进行建模，如家庭层面的教育水平、工作类型、人口结构等，因为 QECM 模型使用的是 NIPA 的加总数据。

第七章

北京宏观经济月度监测预警模型（BMBC 模型）方法与应用

第一节　研究目的、内容和基本步骤

在本书第四至第六章分别介绍了基于供给要素的长期预测模型——CEMS 模型；将 NIPA 数据与 FFA 数据相结合，适合对中国经济增长进行中长期预测和分析的年度模型——CAMM 模型；以及基于季度数据将供给与需求相结合，适合进行季度和中短期预测的季度模型——QECM 模型。本章介绍运用宏观经济月度数据，对短期经济周期的拐点进行预测，对经济景气状态进行监测的短期监测预警模型的理论方法和应用。首先简要介绍监测预警模型的构建理论和方法，然后通过基于月度宏观经济数据构建的 BMBC 模型，介绍 BMBC 模型方法的应用。本书中所介绍的各类模型，即 CEMS 模型、CAMM 模型、QECM 模型以及 BMBC 模型共同构成宏观经济分析和预测的一个模型组合，在实际应用时，可以根据不同的分析目的，将各种模型相互结合使用，对不同模型所提供的信息进行综合利用。如在进行中短期预测和分析时，应当同时考虑对中长期发展的预测和分析，并以此作为对中短期预测的长期约束。

建立短期监测预警模型的主要目的是对经济增长的周期进行分析，对当前经济处于何种景气状况做出判断，预测经济增长周期的拐点，为政府及时出台相应的宏观经济调控政策提供科学依据。国外经济周期波动监测预警的研究始于20世纪初，改革开放以来，从20世纪80年代开始中国学者也开始了对中国经济周期和监测预警模型的探索和研究。经过将近四十年的努力，中国已经建立了多种层次的景气监测预警模型，用于对国家层面以及省份层面的经济周期进行监测和预警分析（中国科学院预测科学研究中心，2010、2016）。

随着中国经济增长模式从高速追赶型经济向中速高质量增长的“新常态”经济形态转变，经济结构发生了明显的转变，以北京市经济为例，已经由过去以工业增长为主导转变为以服务业为主体，目前第三产业增加值占GDP的比重已经超过80%。随着经济结构发生了明显的变化，过去以工业增加值为基准指标的模型已经不能适应新的情况，需要通过新的经济周期波动模型来刻画，因此，笔者针对北京经济发展的实际情况，建立了新版的BMBC模型。模型通过Eviews 10.0编程实现，能够实现从读入数据、构建各种合成指数，到构建景气预警分析表等步骤全过程的自动完成，使用者可以很方便地进行数据更新和对模型进行修改升级。本章的实证分析虽然是以北京经济为研究对象，由于所构建的模型是在Eviews 10.0环境下进行了自主编程，因此在经过适当的修改后，BMBC模型可以比较容易地转变为全国经济或者其他省份经济的监测预警模型。

本章内容分为两部分。第一部分对宏观经济预警系统的理论方法进行简要介绍，对笔者在实际建模中处理具体问题时所使用的方法等进行说明。第二部分应用北京月度宏观经济数据，建立北京宏观经济监测预警系统，在此模型的基础上，对北京市现时的经济发展景气状况做出判断，对未来景气周期的拐点进行预测。

本章内容安排如下：第二节对经济周期监测预警方法进行综述；第三节讨论BMBC模型的构建；第四节阐述BMBC模型的实证结果，并对当前和未来的经济景气状态进行分析和预测。

第二节 经济周期监测预警方法综述

目前常用的景气分析方法包括景气指数法、景气信号灯方法、景气调查法等，景气指数法一般包括扩散指数法、合成指数法等，目前常用的景气指数方法是扩散指数法和合成指数法。以下简要介绍构建扩散指数和合成指数的一般方法和步骤。更详细的方法说明可参考高铁梅等（2015）和汪寿阳等（2015）。

一 扩散指数法

在对经济景气进行分析时，需要综合考虑经济运行的各个方面，如生产、消费、投资、外贸等方面指标的波动，不同指标的周期性波动有其各自的独特性，又存在相互影响和渗透，因此需要综合考虑。通常从每个领域中挑选出有代表性的经济指标，按照其与经济景气的关系，分成先行、一致、滞后指标组，在各个指标组内，根据一定的规则确定权重，将指标组内的指标进行加权平均，得到先行、一致、滞后指数。

（一）预警目标选择

首先需要根据所研究的问题确定预警目标。通常选择的预警目标为经济增长、物价变动等。如果以经济增长为目标，通常需要将代表经济增长的指标如 GDP 增长率、工业增加值增长率或者绝对值等作为预警目标。

（二）基准循环确定

构建景气指标从确定基准循环开始。基准循环的定义是，经济循环波动曲线从一个景气谷到邻近的下个景气谷之间的循环。基准日期的定义是，基准循环转折点的位置即循环中的峰谷时间。基准日期一般是根据经济周期波动年表、历史扩散指数（HDI）以及专家的意见综合确定的（高铁梅等，2015）。HDI的定义为：上升指标总数占总指标总数的百分比。确定HDI的方法一般是选择经济上比较重要，而且变动与经济周期波动一致的5—10个经济变量，对选出的每个变量的时间序列数据进行预处理后，确定其峰谷日期，即转折点日期。在每个经济指标由谷到峰的阶段定义为上升，标记符号“+”；由峰到谷定义为下降，标记符号“-”，谷本身也标上符号“-”，这样即可确定每个经济指标的变化方向。将HDI由下到上穿越50%线之前的月份作为经济周期波动的谷的基准日期，而由上而下穿越50%线之前的月份作为经济周期波动的峰的基准日期。

（三）基于定性准则的指标体系初选

在确定先行、一致和滞后指标之前，需结合经济意义对一系列指标进行初选。根据经济意义对经济指标进行初选时，需遵循以下四个原则：经济的重要性，数据的可得性，指标的灵敏性以及数据的先行、一致、滞后性（高铁梅等，2015）。在收集潜在的经济指标时，一般需要借鉴国内外研究机构已有的研究，并根据所研究问题的具体情况以及数据的可得性等，挑选出有可能构成指标体系的经济指标，作为备选指标组，然后根据基准指标以及其他经济指标与基准指标之间的相关关系，从备选指标组中挑选出符合条件的指标，分别构成先行、一致和滞后指标组。

（四）基于定量准则的指标筛选

在挑选出备选的指标集合之后，需要根据一些准则对备选指标进行筛选和分类。将数据进行预处理，对于价值变量，需要根据相应的价格指数进行价格平减，将现价换算成可比的不变价；对于具有季度变动模式的变量，需要进行季节调整；对于有趋势的变量，需要剔除时间序列的趋势项。

数据预处理完成之后，进一步对指标进行筛选。依据时差相关分析、Kullback－Leibler 信息量（K－L 信息量）分析、峰谷图形分析和峰谷对应分析等定量准则，判断指标相对于基准循环的先行、一致和滞后性。同时，还需应用峰谷图形分析和峰谷对应分析等定量准则，对指标进行筛选，对备选变量与基准变量之间的时差相关性进行计算，判断指标相对于基准变量的先行、一致和滞后性。以此为标准，对备选变量进行挑选，并初步分为先行、一致和滞后变量组。

（五）指数验证

为确保景气指数的准确性，一方面需要根据历史数据进行验证，先行指数在样本期内应稳定领先于一致指数的拐点，而一致指数的拐点应与基准指标对应良好；另一方面也需要在经济预警的过程中进行实时验证，评估先行、一致与滞后指数的实时监测预警能力。

（六）指标体系修正

指标体系构建完成之后，需定期对指标体系进行修正。一般需遵循以下四个原则：尽量保持原有指标体系的结构，以使新旧指标体系具有历史可比性；在保证指标体系大结构不变的前提下，对原指标体系中已不具备先行性的指标，采用具备先行性且与原指标类似的指标来替换；为保证指标体系的稳定，指标体系中所替换的指标个数不宜过多；修正应具有前瞻性，新入选指标应能反映今后一段时间内的经济特点（汪寿阳等，2015）。

二　合成指数法

扩散指数是反映经济运行方向的一组有效的综合指标，通过分析先行、一致、滞后扩散指数，可以预测经济周期波动的变化方向和转折点出现。但扩散指数不能对经济周期的强弱程度进行刻画，如果需要对经济周期的强弱程度进行刻画，还需要使用合成指数（高铁梅等，2015）。

在计算合成指数时需要给出各个指标的权重，权重的确定方法不是唯一的，需要根据实际情况进行选定，并通过反复验证和比较，确定最终的权重结果。合成指数的优点是不仅能够预测经济周期的转折点，还能度量经济周期波动的强弱，因此构建合成指数已成为经济监测预警的重要方法。

第三节　BMBC 模型的构建

构建 BMBC 模型的具体步骤为：第一步，根据北京经济运行的结构特点确定预警目标。第二步，运用北京宏观经济月度统计数据，结合北京经济运行特点和统计数据的特点，对代表性的经济变量进行筛选，挑选出能够反映经济运行景气周期现状的一致指标组、周期变动先行于一致指标特别是基准指标的先行指标组，以及变动周期滞后于一致指标组的滞后指标组。系统中包含的变量能够反映经济运行的各个方面，包括生产、投资、消费、财政、就业、价格等。第三步，在指标分类的基础上，构建 HDI 以及先行、一致和滞后的扩散指数和合成指数。第四步，通过对这些单项指标、扩散指数以及合成指数的分析，确定基准循环的周期，判断经济周期的转折点，对未来一段时间经济周期的变动情况进行判断。第五步，构建景气信号灯系统，从综合景气指数和各个指标的景气状态对经济运行的总体和各个方面的景气状态进行判断。BMBC 模型构建流程如图 7—1 所示。

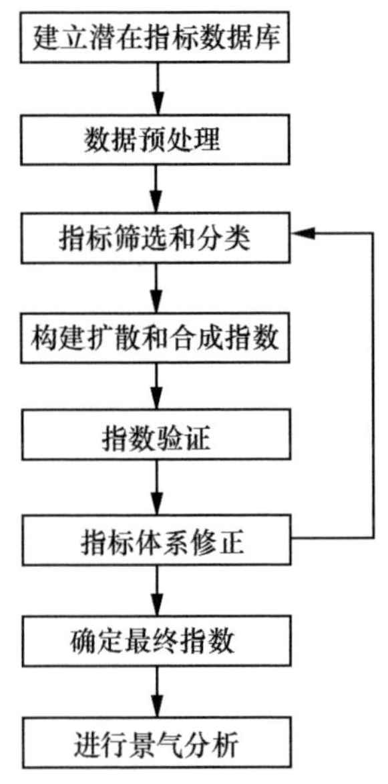

图 7—1　BMBC 模型构建流程

一　BMBC 模型中基础性问题的处理

(一) 景气循环方法的选择

根据景气循环分析方法的不同，经济周期的波动类型可分为古典周期波动、增长周期波动与增长率周期波动，分别对应古典循环分析方法、增长循环分析方法、增长率循环分析方法。

古典周期波动（classical cycle）是指经济变量绝对水平本身的波动，如 GDP 的水平波动，如果这种波动具有某种规律性，则认为存在经济周期波动，并称这种波动为古典周期波动。增长周期波动也称为增长循环（growth cycle），在增长周期波动模型中，将经济增长中的趋势项 T 和循环要素项 C 进行分离，把循环要素项 C 的波动看作是景气波动。增长率循环方法是将经济总量的增长率，如 GDP 或者工业增加值增长率的周期循环看作是景气波动。

在对经济进行监测预警的过程中，不同国家或地区根据自身的经济状况选择适合的景气循环分析方法，如美国采用古典循环方法，OECD采用增长循环分析方法，日本及大部分发展中或追赶型国家都采用增长率循环分析方法。中国经济正处于高速增长时期，目前所构建的景气周期分析系统都采用了增长率循环分析方法，如中国经济景气监测中心所构建的景气指数以及陈磊等（2016）的模型。本章所构建的BMBC模型也采用了增长率循环方法，即通过分析各个经济变量增长率的波动情况对经济周期进行分析。

（二）样本期的选取

在BMBC模型中使用2000年之后的月度数据。原因有两个：一是对于北京的月度经济数据，大部分从2000年之后才能得到，而且在已有的中国经济景气分析系统中，大多数都选取2000年之后的月度数据。二是考虑到构建经济监测预警系统的主要目的是分析当前的经济走势，北京经济周期波动和经济结构在2000年前后发生了很大的变化，如果将2000年之前的数据也包括在样本内，就可能会过多地受到过去经济结构和周期结构变动的影响，加大对当前经济周期走势进行分析的难度。同时从2000年1月到2017年6月共有324个月份的样本点，样本点的长度已经足够用来进行统计分析，在这个样本期，全国和北京经济都经历了几轮景气循环的波动，数据具有足够的丰富性和代表性。

（三）数据处理的有关问题

1. 用当月同比增长率作为增长率指标

笔者选取增长率模型来构建BMBC模型，以各个变量的同比增长率作为构成景气指数的指标。模型中对于工业增加值等类型的变量统一使用实际当月同比增长率。有些当月同比增长率是由北京统计局直接发布的，如工业增加值的实际增长率，可以直接使用，大部分增长率指标需要通过对现有指标进行计算来得到。具体计算方法根据原始数据的形式来确定，包括通过将统计局公布的累计增长率，通过自行计算得到当月同比增长率，或者通过计算公布变量的量值来计算当月同比增长率等。

2. 价格平减

从原始数据中得到的大多数指标的增长率都是名义增长率，需要通过价格指数进行平减转化为实际增长率。模型中的数据涉及工业产出、投资、消费、进出口、财政收入和支出等，能得到的价格平减指数包括 CPI、RPI、PPI、投资品价格指数、进口和出口价格指数（全国）。在对名义增长率进行平减时，尽量选用相近的价格指数进行平减，如用投资品价格指数对名义投资增长率和名义房地产投资增长率进行平减，用 RPI 对消费品零售进行平减，用进出口价格指数对进口品进行平减，用 PPI 对工业产成品库存名义增长率进行平减，对没有相对接近的价格平减指数，如财政收入和支出的实际增长率，用 CPI 做平减。

3. 季节调整

大多数的月度同比增长率都具有季节变化的特征，为了消除季节因素，模型中运用 X－12 季节调整方法，对各个变量进行了季节调整，将各个变量经过季节调整后的趋势项，即 tc 项作为下一步分析的指标变量。

4. 缺失值的处理

在所选变量中普遍存在个别月份有缺失值的情况。比如工业增加值增长速度、投资增长速度等变量，都缺失历年 1 月份的数据，对于这些数据，笔者都进行了补齐处理，根据具体的情况，或者假设 1 月份的增长率与 2 月份相同，或者用临近月份的值对缺失月份的值进行插值处理。

5. 异常值的处理

由于部分数据的统计口径发生了变化，会出现在调整口径的年份有异常值的现象，比如规模以上工业增加值 2011 年以后的统计范围为年主营业务收入 2000 万元及以上的工业法人单位，而 2008—

2010 年的统计范围为年主营业务收入 500 万元及以上的工业法人单位，由于统计口径的变化，就可能造成在 2011 年的增长率出现一些跳跃值。对这些异常值，模型中用移动平均方法进行了处理，即用周围月份数值的移动平均值来替代原数据中的异常值。

所有对变量原始数值进行的处理，都是通过编写 Eviews 10.0 程序文件完成的。这样做的好处是，能够进行回溯，能够保持原始数据，能够清楚地说明对数据进行处理的方法，能够用来对更新的原始数据进行处理，节省了大量的工作量。

二　景气指标的选取方法

（一）基准变量的选取

目前无论是中国还是发达工业化国家的经济景气监测系统，如日本的景气监测系统，都是以工业增加值实际增长率作为基准变量。工业产出的波动是经济景气波动的主要原因，景气周期的波动也可以由工业产出的波动较好地体现，因此，在本模型中，也将北京工业增加值实际增长率作为基准变量之一，将其他变量与这一指标的相关性，作为指标挑选和分组的标准。

目前北京的产业结构已经发展到以第三产业为主的阶段，第三产业增加值占 GDP 的比重已经超过了 80%，工业增加值占 GDP 的比重下降到了只有 18% 左右。在这样的产业结构下，如果仅仅以文献中常用的工业增加值增速作为唯一的基准指标，就会产生错误的判断，如近两年北京工业增长出现了较大的波动，但是 GDP 保持了平稳和较高的增长态势，并没有出现大幅波动。

因此，在本模型中，笔者将北京工业增加值实际增长率和第三产业增加值实际增长率都作为基准变量，在进行指标挑选和分类时，分别与这两个基准变量进行比较。

（二）候选指标集的选取

在挑选候选指标时，遵循了以下四个原则，即经济的重要性、数据的可得性、指标的灵敏性以及数据的先行、一致和滞后性。具体做法是，根据景气预测理论和经济理论，参考目前已经构建的全国和省份的经济监测预警模型，特别是参考目前比较成熟的且具有权威性的国家统计局经济景气监测中心、国家信息中心经济景气中心、东北财经大学、中科院经济预测中心以及北京市统计局曾经研发的北京经济监测预警系统的指标挑选，并且结合目前北京市月度经济统计数据的可得性，先将尽可能多的潜在可用的候选变量包括在原始数据文件中。

（三）用时差相关分析法和 K－L 信息量对指标进行初步分析

在模型中，笔者以北京工业增加值实际增长率和第三产业增加值实际增长率为基准变量，运用时差相关分析法和 K－L 信息量对各个指标进行初步的统计分析。运用不同方法得到的分类结果有可能不同，还需要结合其他方面的因素综合分析，做出判断。

（四）用 B－B 方法对指标的转折点进行识别

在识别各个指标的转折点时，需要忽略小的波动，对转折点做一些限制，一是峰或谷应当是前面 6 个月和后面 6 个月的最大或最小值，而且峰—峰或谷—谷之间的时间距离要超过 12 个月。我们使用 B－B 方法来识别各个指标的峰谷时间（高铁梅等，2015）。首先，对变量进行 12 项移动平均，目的是熨平变量中小的波动。其次，在经过 12 项移动平均变量的基础上识别符合约束条件的峰谷值。还需要运用 B－B 方法，对变量本身的峰谷值的时间进行确定。最后，采用专家识别的方法，对由计算程序识别出来的转折点日期进行最后的确定。

（五）确定经济周期的基准日期

确定转折点之后，由谷到峰为上升，标上符号“＋”，由峰到谷为下降，标上符号“－”，谷本身也标上符号“－”，这样即可确定每个经济指标每月的变化方向。上升指标数占总指标数的百分比即为

HDI。在本模型中，笔者用一致指标组中的变量构建HDI，将HDI由下到上穿越50%线之前的月份作为经济周期波动的谷的基准日期，而由上到下穿越50%线之前的月份作为经济周期波动的峰的基准日期。

（六）构建HDI时指标权重的确定

HDI是由多个指标合成的指数，因此需要先给出每个指标的权重。目前文献中还没有统一的确定权重的方法。笔者先采用等权重方法计算合成HDI，再根据现有的文献，按照指标的重要性，对各个指标赋以不同的权重，然后比较它们与等权重的HDI之间的相似性，如果没有出现明显的变化，就采用按经济重要性所赋予的权重来计算HDI。运用相同的方法构建了一致、先行和滞后扩散指数。

第四节　BMBC的实证结果

一　候选变量的选择

中国宏观经济监测预警系统一般由包括工业生产、投资、消费、进出口、财政收入、金融、物价、房地产等主要宏观经济领域有代表性经济指标的增长率所构成。在构建BMBC模型时，根据北京宏观经济的特点、月度数据的可获得性、指标的统计性质，并参考国内外的主要经济监测预警系统，选取指标时，首先将有可能入选的、尽可能多的指标作为候选指标集纳入BMBC模型。

其次，做时差相关性分析和K－L信息量分析。候选指标集中包括26个变量，分别为（除了标明全国，所有变量都是北京市口径）：工业增加值实际增长率、第三产业增加值实际增长率、工业企业资产负债率、工业企业产成品期末库存实际增长率、工业产销率、全社会固定资产投资实际增长率、房地产开发投资完成额实际增长率、社会消费品零售总额实际增长率、进口实际增长率、出口实际增长率、人民币各项贷款余额实际增长率、财政一般预算收入实际增长率、财政一般预算支出实际增长率、居民消费价格指数（CPI）增长率、工业生产者出厂价格指数（PPI）增长率、全国投资品价格指数增长率、全国进口价格指数增长率、全国出口价格指数增长率、全国货币供给M1实际增长率、全国货币供给M2实际增长率、工业用电量增长率、新开工建设项目数增长率、在建工程项目数增长率、全国PMI中的新订单指数、房屋新开工面积增长率、本年购置土地面积增长率。

在模型中笔者选用工业增加值实际增长率和第三产业增加值实际增长率作为基准变量。因此，在计算时差相关系数时，分别计算了与工业增加值实际增长率和第三产业增加值实际增长率的时差相关系数。北京经济在2010年之后进入了平稳中高速增长的新阶段，与2010年之前相比，有一定程度的结构性改变，因此，在进行时差相关性分析时，笔者做了两个时间样本的计算，一个用全样本，即2000年1月至2016年12月；另一个用2010年之后的样本，即2010年1月至2016年12月。

大多数指标与基准指标的相关性在两个样本区间是相似的，也有一些指标的相关性发生了变化，如社会商品零售总额增长率在全样本的情况下相关性较差，但使用2010年之后的样本是很好的一致指标。如果出现在两个样本期不一致的情况，我们按照2010年之后样本的计算结果进行指标选择和分类，因为构建BMBC模型的目的是更好地理解和把握当前北京经济运行情况，因此，近期变量之间的相关关系更符合实际需要。

从各个指标分别与工业增加值实际增长率和第三产业增加值实际增长率这两个不同的基准变量的相关关系看，大多数指标与这两个基准指标的相关关系是一致的，只有个别的指标存在差异，如全国PMI指数中的新订单指数，与工业增加值实际增长率相比是一致变量，但与第三产业增加值实际增长率相比有较强的先行关系，由于北京第三产业增加值占GDP的比重远远超过工业增加值所占比重，因此将新订单指数包含在先行变量组里面。

二 一致、先行、滞后指标分组

根据时差相关系数和 K－L 信息量分析得到初步分组结果：一致指标组包括6个指标，分别是北京工业增加值实际增长率、北京第三产增加值实际增长率、北京社会消费品零售总额实际增长率、北京财政一般预算收入实际增长率、北京进口实际增长率以及北京工业用电量增长率；先行指标组包括4个指标，分别是北京全社会固定资产投资实际增长率、全国货币供给 M2 实际增长率、北京人民币各项贷款余额实际增长率以及全国 PMI 中的新订单指数；滞后指标组包括两个指标，即北京 CPI 增长率和北京工业企业产成品期末库存实际增长率（见表7—1）。

表7—1　一致、先行、滞后指标分组与时差相关系数

	指标名称	时差相关系数
一致指标组	北京工业增加值实际增长率	1.00
	北京第三产业增加值实际增长率	1.00
	北京社会消费品零售总额实际增长率	0.87
	北京工业用电量增长率	0.80
	北京进口实际增长率	0.83
	北京财政一般预算收入实际增长率	0.89
先行指标组	北京全社会固定资产投资实际增长率	0.87
	全国货币供给 M2 实际增长率	0.93
	北京人民币各项贷款余额实际增长率	0.91
	全国 PMI 中的新订单指数	0.85
滞后指标组	北京 CPI 增长率	0.74
	北京工业企业产成品期末库存实际增长率	0.65

其中先行和一致合成指数的确定最具有政策含义。一致合成指数用来对当期经济景气周期进行识别和判断以及对景气周期进行描述，同时起到与先行和滞后合成指数变动进行对比的作用。先行合成指数能够预测当期的景气增长循环何时能够到达峰值或谷底，即

提前预测当期景气周期的转折点。滞后合成指数的主要作用是对宏观经济周期波动的转折点加以确认。先行指标相对于一致合成指数是否具有稳定的超前性以及比较稳定的超前时间，也是在构建预警系统时需要考虑的重要因素。

在初步分组的基础上，还需要运用峰谷图形和峰谷对应分析等，进一步对指标进行筛选，判断指标相对于基准循环的先行性、一致性和滞后性。图 7—2 至图 7—4 分别为先行、一致和滞后指标组的指标与基准指标的对比图形，从图形上看，进行这样的分组基本上是合适的，即先行、一致、滞后指标组中的变量与基准变量之间有较明显的先行、一致和滞后的关系。

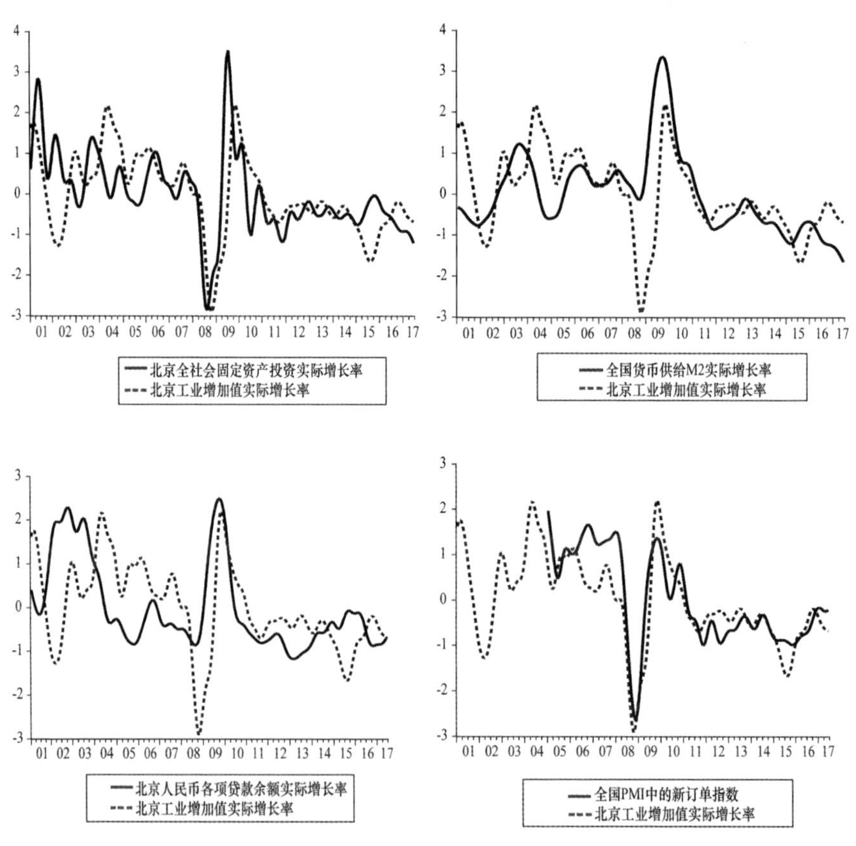

图 7—2　先行指标组中的指标与基准指标的对比图形（经过标准化处理）

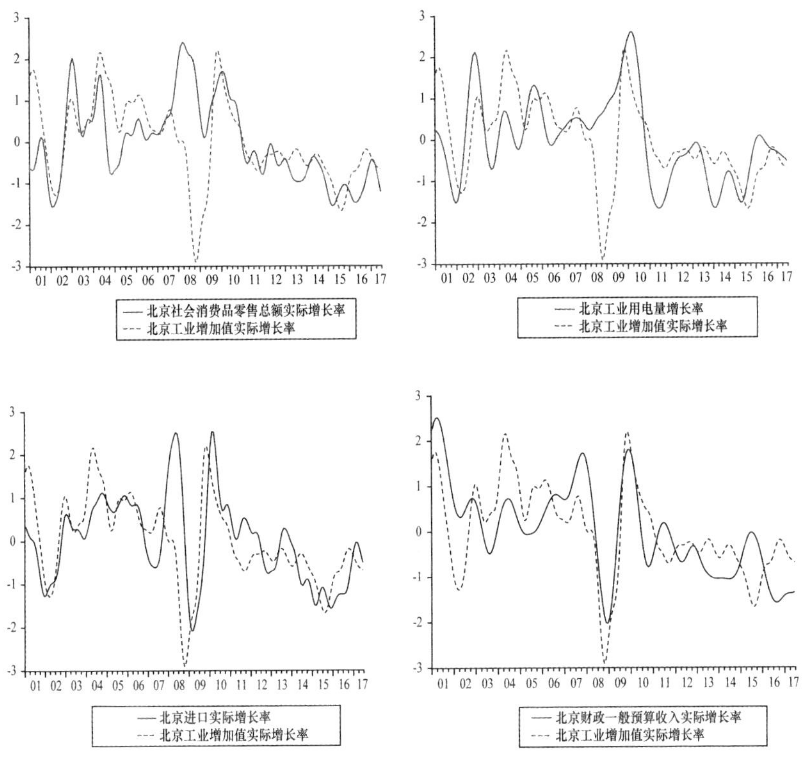

图 7—3　一致指标组中的指标与基准指标的对比图形（经过标准化处理）

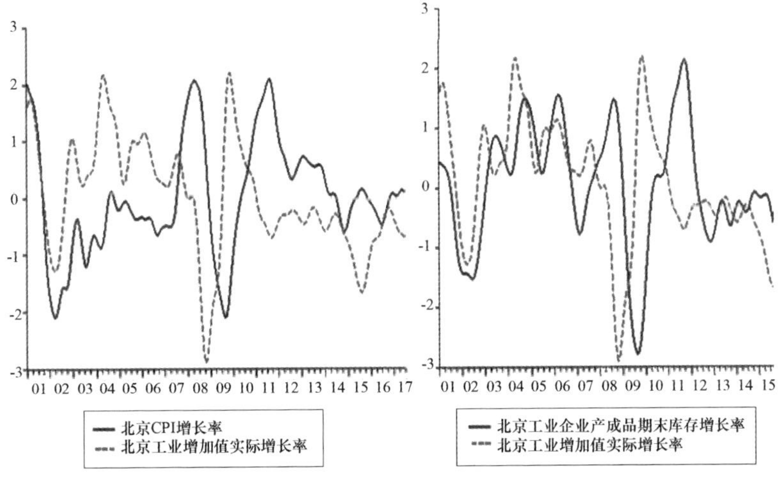

图 7—4　滞后指标组中的指标与基准指标的对比图形（经过标准化处理）

三　构建景气扩散指数，确定基准循环

通过给一致指标组中的6个变量赋予一定的权重，就可以构建出HDI。本模型中，根据各个变量的重要性，对北京工业增加值实际增长率、北京第三产业增加值实际增长率、北京社会消费品零售总额实际增长率、北京进口实际增长率、北京财政一般预算收入实际增长率、北京工业用电量增长率赋予的权重分别为0.2、0.3、0.2、0.1、0.1、0.1。如果赋予等权重，结果也没有明显的变化。

所构建的北京HDI如图7—5所示，如果将权重进行调整，得到的图形也非常相似。由北京HDI得到的循环基准日期见表7—2。

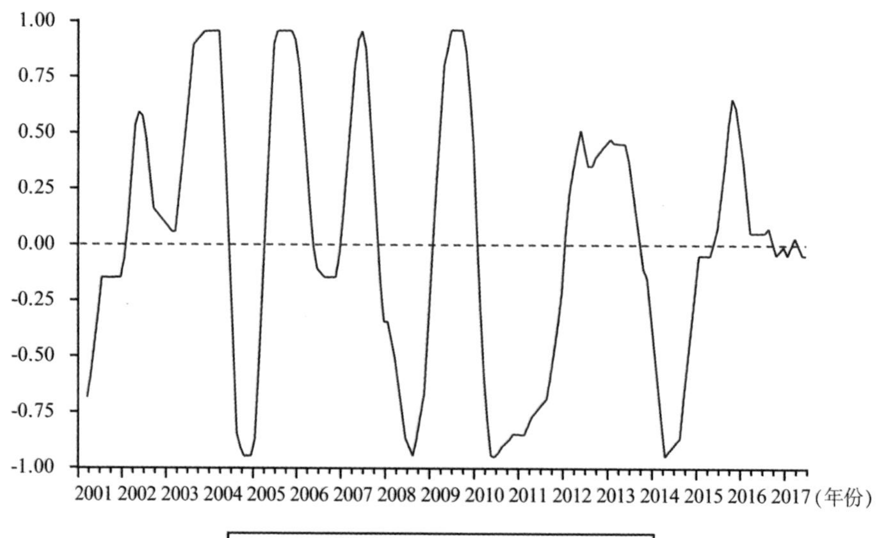

图7—5　北京HDI

表 7—2　由北京 HDI 得到的循环基准日期

谷	峰
日期	日期
2002. 1	2004. 5
2005. 3	2006. 4
2006. 12	2007. 10
2009. 1	2010. 1
2011. 12	2013. 9
2015. 4	2016. 9

识别出来的北京循环基准日期与国家统计局预警模型中全国循环基准日期基本一致，说明所构建的北京 HDI 具有合理性。

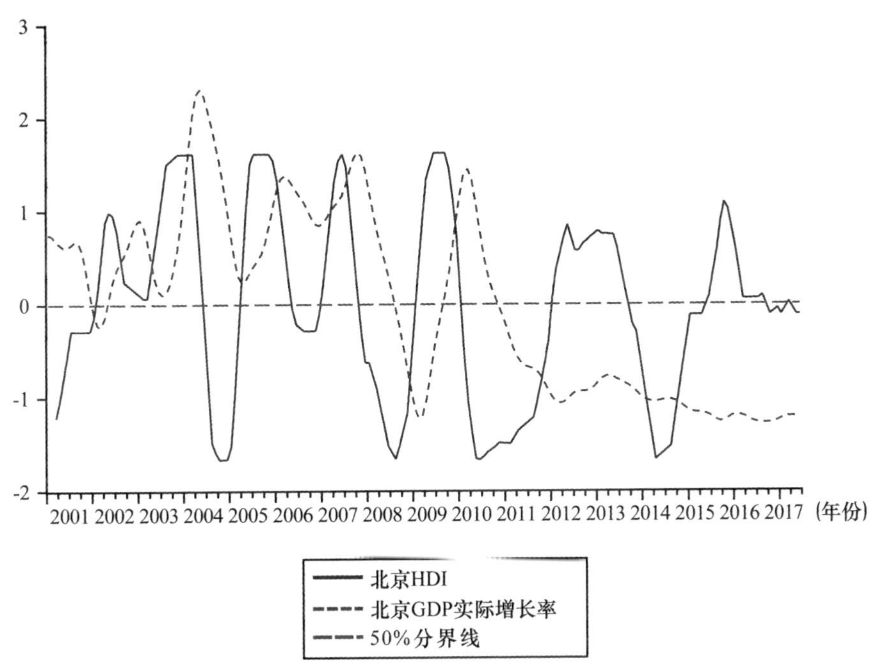

图 7—6　2001—2017 年北京 HDI
与北京 GDP 实际增长率（经过标准化处理）

2001—2017 年北京 HDI 与北京 GDP 实际增长率如图 7—6 所示。按照 HDI 的定义，当 HDI 由下向上穿越 50% 景气分界线时，GDP 增长率到达谷值；当 HDI 由上向下穿越 50% 景气分界线时，GDP 实际增长率到达峰值。从图 7—6 可以看出，北京 HDI 与北京 GDP 实际增长率基本存在这种对应关系，也说明构建 HDI 的一致指标以及权重的选取是基本合理的。

图 7—7 为先行扩散指数和一致扩散指数。从中可以看出，先行扩散指数与一致扩散指数相比具有较稳定的先行性，先行期大约为 4 个月，因此能够从先行扩散指数的峰和谷提前判断一致扩散指数的峰和谷。

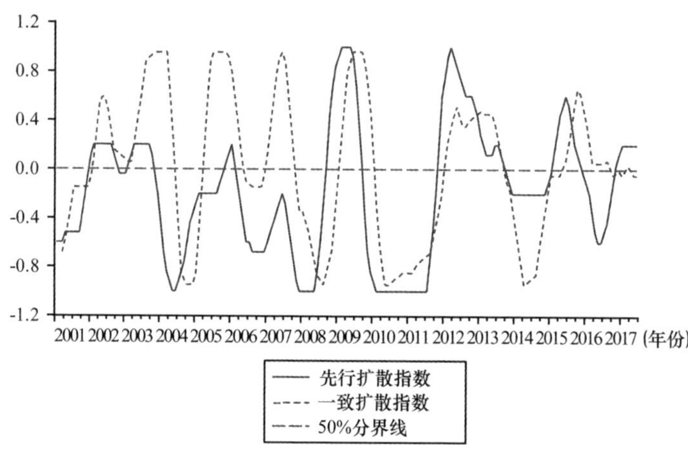

图 7—7 先行扩散指数和一致扩散指数

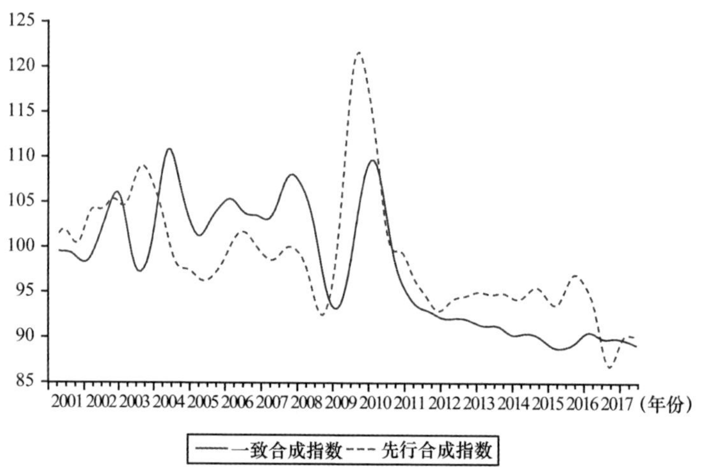

图 7—8 先行合成指数和一致合成指数

图 7—8 为先行合成指数和一致合成指数，与图 7—7 所示的先行扩散指数和一致扩散指数的走势和关系都比较相似，而且还反映出指数的变动幅度。

四　景气信号灯系统和景气动向指数

将一致、先行和滞后指数中的一部分指标变量赋予权重，作为预警指标，构建景气动向指数。在 BMBC 模型中，预警指标有 10 个，分别为北京工业增加值实际增长率、北京第三产业增加值实际增长率、北京全社会固定资产投资实际增长率、北京社会消费品零售总额实际增长率、北京进口实际增长率、北京财政一般预算收入实际增长率、全国货币供给 M2 实际增长率、北京人民币各项余额实际增长率、全国 PMI 中的新订单指数、北京 CPI 增长率，设定各个指标有相同的权重，构成景气动向指数。将景气动向指数的状态从“过冷”到“过热”分为“过冷（蓝)”“趋冷（浅蓝)”“正常(绿)”“趋热（浅红)”“过热（红)”5 个状态，设定的阈值为各个指标 20%、40%、60%、80% 的分量值。对构成景气动向指数的各个指标所处的景气区间进行类似的设定。表 7—3 为 2016 年 6 月至 2017 年 6 月各个预警指标的景气信号灯。图 7—9 为 2001 年 1 月至 2017 年 6 月的景气动向图以及预警界限。

表 7—3　　预警指标的景气信号灯：2016 年 6 月至 2017 年 6 月

指标	2016 M06	2016 M07	2016 M08	2016 M09	2016 M10	2016 M11	2016 M12	2017 M01	2017 M02	2017 M03	2017 M04	2017 M05	2017 M06
北京工业增加值实际增长率	绿	浅红	浅红	红	浅红	浅红	绿	浅蓝	浅蓝	浅蓝	浅蓝	蓝	蓝

续表

指标	2016 M06	2016 M07	2016 M08	2016 M09	2016 M10	2016 M11	2016 M12	2017 M01	2017 M02	2017 M03	2017 M04	2017 M05	2017 M06
北京第三产业增加值实际增长率	蓝	蓝	蓝	蓝	蓝	蓝	蓝	蓝	蓝	蓝	蓝	蓝	蓝
北京社会消费品零售总额实际增长率	蓝	蓝	浅蓝	浅蓝	绿	绿	浅红	浅红	绿	绿	浅蓝	蓝	蓝
北京进口实际增长率	蓝	蓝	浅蓝	浅蓝	绿	绿	绿	绿	绿	绿	绿	浅蓝	浅蓝
北京财政一般预算收入实际增长率	蓝	蓝	蓝	蓝	蓝	蓝	蓝	蓝	蓝	蓝	蓝	蓝	蓝
北京全社会固定资产投资实际增长率	浅蓝	浅蓝	蓝	蓝	蓝	蓝	蓝	蓝	蓝	蓝	蓝	蓝	蓝
全国货币供给 M2 实际增长率	蓝	蓝	蓝	蓝	蓝	蓝	蓝	蓝	蓝	蓝	蓝	蓝	蓝
北京人民币各项贷款余额实际增长率	绿	浅蓝	浅蓝	蓝	蓝	浅蓝	浅蓝	浅蓝	浅蓝	浅蓝	浅蓝	蓝	蓝
全国 PMI 中的新订单指数	浅蓝	绿	绿	浅红	红	红	红	红	红	红	红	蓝	蓝
北京 CPI 增长率	蓝	蓝	蓝	浅蓝	浅蓝	绿	浅蓝	浅蓝	浅蓝	绿	绿	蓝	蓝

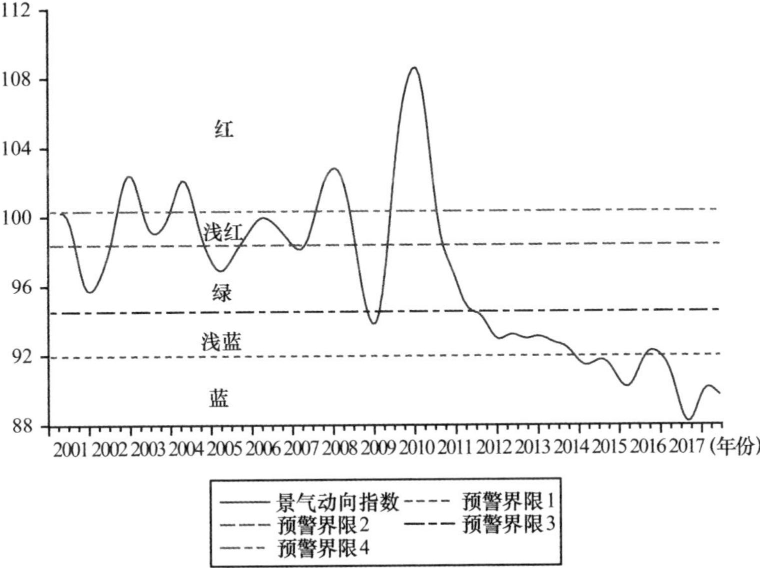

图 7—9　2001 年 1 月至 2017 年 6 月综合景气动向及预警界限

参考文献

陈磊、孟永刚、孙晨彤：《2016—2017 年经济景气形势分析与预测》，载于李扬主编《2017 年中国经济形势分析与预测》，社会科学文献出版社 2016 年版。

高敏雪、李静萍、许健：《国民经济核算原理与中国实践（第 4 版）》，中国人民大学出版社 2018 年版。

高铁梅、陈磊、王金明、张同斌：《经济周期波动分析与预测方法（第 2 版）》，清华大学出版社 2015 年版。

高铁梅、梁云芳、何光剑：《中国季度宏观经济政策分析模型——对宏观经济政策效应的模拟分析》，《数量经济技术经济研究》2007 年第 11 期。

何新华：《多国宏观经济季度模型 MCM_QEM》，中国财政经济出版社 2010 年版。

何新华、吴海英、曹永福、刘睿：《中国宏观经济季度模型 China_QEM》，社会科学文献出版社 2005 年版。

李扬等：《中国国家资产负债表 2013》，中国社会科学出版社 2013 年版。

李扬、张晓晶、常欣：《中国国家资产负债表 2015》，中国社会科学出版社 2015 年版。

李扬、张晓晶、常欣：《中国国家资产负债表 2018》，中国社会科学出版社 2018 年版。

刘斌：《国内外中央银行经济模型的开发与应用》，中国金融出版社2003年版。

刘伟、陈彦斌：《“两个一百年”奋斗目标之间的经济发展：任务、挑战与应对方略》，《中国社会科学》2021年第3期。

刘伟：《新常态下中国经济增长与宏观调控》，《社科纵横》2017年第2期。

仝冰：《宏观经济计量模型的新发展》，《浙江社会科学》2009年第8期。

汪寿阳、张珣、尚维、郑桂环：《宏观经济预警方法应用与预警系统》，科学出版社2015年版。

汪同三、沈利生：《中国社会科学院数量经济与技术经济研究所经济模型集》，社会科学文献出版社2001年版。

王慧炯、李泊溪、李善同：《中国实用宏观经济结构模型1999》，中国财政经济出版社1999年版。

厦门大学宏观经济研究中心课题组：《中国季度宏观经济结构模型的开发与应用》，《厦门大学学报》（哲学社会科学版）2007年第4期。

许宪春等：《中国生产总值核算问题研究》，北京大学出版社2019年版。

张欣：《可计算一般均衡模型的基本原理与编程》，格致出版社2010年版。

张延群：《超额工资、过剩流动性、进口价格与中国通货膨胀因素的量化分析》，《金融研究》2012年第9期。

张延群：《财富效应、地区异质性与中国货币需求函数再估计》，《金融评论》2021年第4期。

中国科学院预测科学研究中心：《2016年度中国经济预测与展望》，科学出版社2015年版。

中国科学院预测科学研究中心：《2010年度中国经济预测与展望》，科学出版社2009年版。

祝宝良:《联合国世界计量经济联接模型系统中的中国大型宏观经济模型（1996 版）简介》,《预测》1997 年第 5 期。

祝宝良：《中国宏观经济运行定量分析》，中国经济出版社 2005 年版。

朱运法、张延群：《中国季度宏观经济计量协整模型简介》，《数量经济技术经济研究》1998 年第 8 期。

Charemza W. W. and D. F. Deadman, *New Directions in Econometric Practice*, Edward Elgar Publishing, 1992.

Chow G. C. and K. Li, "China's Economic Growth: 1952 – 2010", *Economic Development and Cultural Change*, Vol. 51, October, 2002.

Chudik, A. and M. H. Pesaran, "Large Panel Data Models with Cross-Sectional Dependence a Survey", In: Badi H. Baltagi (eds.), *Oxford Handbook of Panel Data*. Edition 1, 2015.

Davis James B., "Microsimulation, CGE and Macro Modelling for Transition and Developing Economies", *Wuder Discussion Papers*, No. 2004/08, 2004.

Don, H., "JADE: A Model for the Joint Analysis of Dynamics and Equilibrium", *CPB Document* 30, 2003, https://www.cpb.nl.

Duval Romain and Chritine de la Maisonneuve, "Long-run Growth Scenarios for the World Economy", *Journal of Policy Modeling*, Vol. 32, No. 1, 2010.

Eberhardt, M. and S. Bond, "Cross-Section Dependence in Nonstationary Panel Models: A Novel Estimator", *Mpra Working Paper*, No. 17692, 2009.

Engle, R. F. and C. W. J. Granger, "Co-integration and Error Correction Representations, Estimation and Testing", *Econometrica*, Vol. 55, No. 2, 1987.

Fagan Gabriel, Jerome Enry, Ricardo Mestre, "An Area-wide Model (awm) for the Euro Area", *European Central Bank Working Paper*,

No. 42, 2001.

Fair, Ray C, Testing Macroeconometric Models, *Harvard University Press*, 1994.

Fair, Ray C., "Macroeconometric Modeling: 2018", *Working Paper*, https://fairmodel.econ.yale.edu/mmm2/mm2018.pdf, 2018.

Feenstra Robert C., Robert Inklaar, Marcel P. Timmer, "The Next Generation of the Penn World Table", *American Economic Review*, Vol. 105, No. 10, www.ggdc.net/pwt, 2015.

Foué Jean, Agnès Bénassy-Quéré and Lionel Fontagné, "The Great Shift: Macroeconomic Projections for the World Economy at the 2050 Horizon", *CEPII Working paper* 2012 - 03, 2012.

Gunter Bernhard G., Marc J. Cohen, Hans Lofgren, "Analysing Macro-Poverty Linkages: An Overview", *Development Policy Review*, Vol. 23, No. 3, 2005.

Hendry David F., *Dynamic Econometrics*, Oxford University Press, 1995.

Higgins Matthew, "Demography, National Savings, and International Capital Flows", *International Economic Review*, Vol. 39, No. 2, 1998.

Juselius Katarina, *The Cointegrated VAR Model: Methodology and Applications*, Oxford University Press, 2006.

Klein Lawrence R., A. Welfe, W Welfe, "*Principles of Macroeconometric Modeling*", Amsterdam North-Holland, 1999.

Kranendonk Henk and Johan Verbruggen, "Saffier: A Multi-purpose Model of the Dutch Economy for Short-term and Medium-term Analyses", *CPB Document* 144, 2007, https://www.cpb.nl.

Lucas R. E., "Econometric Policy Evaluation, A Critique", In: K. Brunner and A. Meltzer (eds.): *The Phillips Curve and Labor Markets*, *Carnegy-Rochester Conference Series on Public Policy*, 1976.

Masson Paul R., Tamin Bayoumi, Hossein Samiei, "International Evidence on the Determinants of Private Saving", *World Bank Economic*

Review, Vol. 12, No. 3, 1998.

Pesaran M. H., "Estimation and Inference in Large Heterogeneous Panels with a Multifactor Error Structure", *Econometrica*, Vol. 74, No. 4, 2006.

Pesaran, M. H. and R. P. Smith, "Estimating Long-Run Relationships from Dynamic Heterogeneous Panels", *Journal of Econometrics*, Vol. 68, 1995.

Pesaran, M. H., Y. Shin, R. P. Smith, "Pooled Mean Group Estimation of Dynamic Heterogeneous Panels", *Publications of the American Statistical Association*, Vol. 94, No. 446, 1999.

Piketty Thomas, Li Yang, Gabriel Zucman, "Capital Accumulation, Private Property, and Rising Inequality in China, 1978 – 2015", *American Economic Review*, Vol. 109, No. 7, 2019.

Poncet Sandra, "The Long Term Growth Prospects of the World Economy: Horizon 2050", *CEPII Working Paper N°16*, 2006.

Qin Duo, Cagas Marie Anne, Ducanes Geoffrey, et al., "A Macroeconometric Model of the Chinese Economy", *Economic Modelling*, Vol. 24, No. 5, 2007.

Qin Duo, Cagas Marie Anne, Ducanes Geoffrey, et al., "Effects of Income Inequality on China's Economic Growth", *Journal of Policy Modeling*, Vol. 31, No. 1, 2009.

Sims C., "Macroeconomics and Reality", *Econometrica*, Vol. 48, No. 1, 1980.

UNESCAP, "Economic and Social Survey of Asia and the Pacific 2016: Nurturing Productivity for Inclusive Growth and Sustainable Development", *www. unescap. org/publications*, 2016.

Vandenbussche Jérôme, Philippe Aghion, C. Costas Meghir, "Growth, Distance to Frontier and Composition of Human Capital", *Journal of Economic Growth*, Vol. 11, No. 2, 2006.

Wan Guanghua, "Accounting for Income Inequality in Rural China: A

Regression-based Approach", *Journal of Comparative Economics*, Vol. 32, No. 2, 2004.

Wang Chen, Wan Guanghua, Yang Dan, "Income Inequality In The People's Republic of China: Trends, Determinants, and Proposed Remedies", *Journal of Economic Surveys*, Vol. 28, No. 4, 2014.

World Bank, "A Measured Approach to Ending Poverty and Boosting Shared Prosperity: Concepts, Data, and the Twin Goals. Policy Research Report", *World Bank. doi: 10. 1596/978 - 1 - 4648 - 0361 - 1*, 2015.

Welfe Władysław, "*Macroeconometric Models*", Springer Press, 2013.

Wilson Dominic and Roopa Purushothaman, "Dreaming with BRICs: The Path to 2050", *Goldman Sachs Global Economics Paper*, *N°99*, 2003.

Wilson Dominic, Kamakshya Trivedi, Stacy Carlson, Jose Ursua, "The BRICs 10 Years On: Halfway Through The Great Transformation", *Goldman Sachs Global Economics Paper N°208*, 2011.

后　记

一　致谢

在撰写本专著三年多的时间里，我得到了国家社科基金委、工作单位中国社会科学院数量经济与技术经济研究所、请教过的各位老师以及领导和同事的大力支持和帮助，在本专著编辑出版过程中，中国社会科学出版社和本书的责任编辑黄晗女士给予了非常专业的指导，中国社会科学院创新工程学术出版基金为本书提供了出版资金的资助，在此表示衷心的感谢。国家社科基金委对本研究课题的立项和资助，使我在著书的过程中始终充满着一种承担国家级课题研究的荣誉感和使命感，这种使命感一直鞭策着我尽最大努力按时提交出一份合格的社科基金研究成果。

我在20世纪90年代开始从事构建中国大型宏观经济模型的研究工作，在之后多年的研究生涯中，大型宏观经济模型的构建、维护和应用一直是我重要的工作内容之一。多年构建大型宏观经济模型的经历加深了我对中国经济长期、中期和短期运行相互影响和制约机制的理解，也提高了我对中国经济进行整体分析的能力，同时深刻感受到构建大型宏观经济模型是一个非常有助于理解经济整体运行机制的途径。

大型宏观经济模型为我所承担过的有关课题研究提供了很好的分析工具和平台。如书中第四章介绍的CEMS模型用于课题“对中国和世界主要国家直到2050年的长期经济预测和国际比较”；第五章介绍的 CAMM 模型用于课题“供给侧结构性改革和需求相结合的量化研究”；第六章介绍的 QECM 基础模型长期用于课题“中国宏观经济预测和政策分析”，加入收入不均等模块的扩展 QECM 模型用于联合国亚太经社理事会课题“联合国 2030 全球可持续发展目标的研究”；第七章介绍的 BMBC 模型是“北京市经济监测预警模型研究”的课题成果。

在研究和教学过程中，一直感觉缺少一本针对中国大型宏观经济模型理论和应用的实用参考书。在完成国家社科基金研究课题的同时，我将多年开发大型宏观经济模型的成果总结为这本专著进行出版，同时将书中模型有关的所有数据和程序文件进行发表，为读者提供一本关于中国大型宏观经济模型构建和应用的有价值的参考书。读者可通过本人邮件获取本书有关模型的数据和程序文件。

二　后续研究

经过漫长的研究和写作，这本专著终于完成，但科学研究是永无止境的，一个阶段的结束恰恰意味着一个更高阶段的开始。已经构建的模型为更好地进行供给侧结构性改革和需求侧相结合的政策调控做好了基础性的工作，在后续的研究中，我将针对实际问题的需要，对模型进行更新、扩展和细化，寻找更多的应用场景，将模型构建与宏观调控的政策实践相结合，进一步挖掘模型的应用价值。也希望与从事经济模型研究的工作者共同努力，构建更多符合中国经济运行实际、能为政府科学决策提供分析平台的大型宏观经济模型。

就本专著的内容而言，还有许多方面值得进一步深入研究，一些新的想法也有待后续的研究去实现。后续研究包括但不限于以下四个方面。

（一）为模型寻找更多的应用场景

计量经济学模型的构建是为了更好地为政府的科学决策服务，

只有在不断应用的过程中模型的价值才能体现出来，也只有在不断的应用中模型才能得以更新和完善。现有的研究已经为未来进一步应用打下了很好的基础，在未来的研究中，希望寻找到更多适合的应用机会和场景，通过对模型的不断应用使建模技术和应用水平得到提高。

（二）对模型进行细化

还存在许多将模型进行细化和拓展的可能性。例如利用投入产出表中的数据信息，将模型中所包含的部门和产业进行细化，以反映各个产业在生产、就业、工资、税收等方面的异质性等。

（三）将模型进行扩展

可以将本书中的全国层面的模型扩展到地区层面，如构建各个省份的预测模型，用于分省份的预测和政策分析；通过将各个省份的模型进行连接，用以分析各个省份之间经济的相互影响。或者用类似的方法构建世界其他主要国家的国家模型，然后与中国模型进行连接，研究中国和世界经济的相互影响等。

（四）探讨将多种类型数据相结合的模型方法

本书中的模型使用了时间序列的月度、季度和年度的宏观经济统计数据。随着越来越多的其他类型数据的出现，如微观调查数据、高频金融数据、网络大数据等，将多种数据类型相结合进行建模，充分运用不同类型数据所包含的信息，更好地进行预测和政策分析，也是未来模型构建的一个研究方向。

张延群
中国社会科学院数量经济与技术经济研究所
邮箱：yqzhang@ cass. org. cn
2022 年 2 月 22 日